碧落碑考　金石偶談

寓真　著

创于1897
商務印書館
The Commercial Press

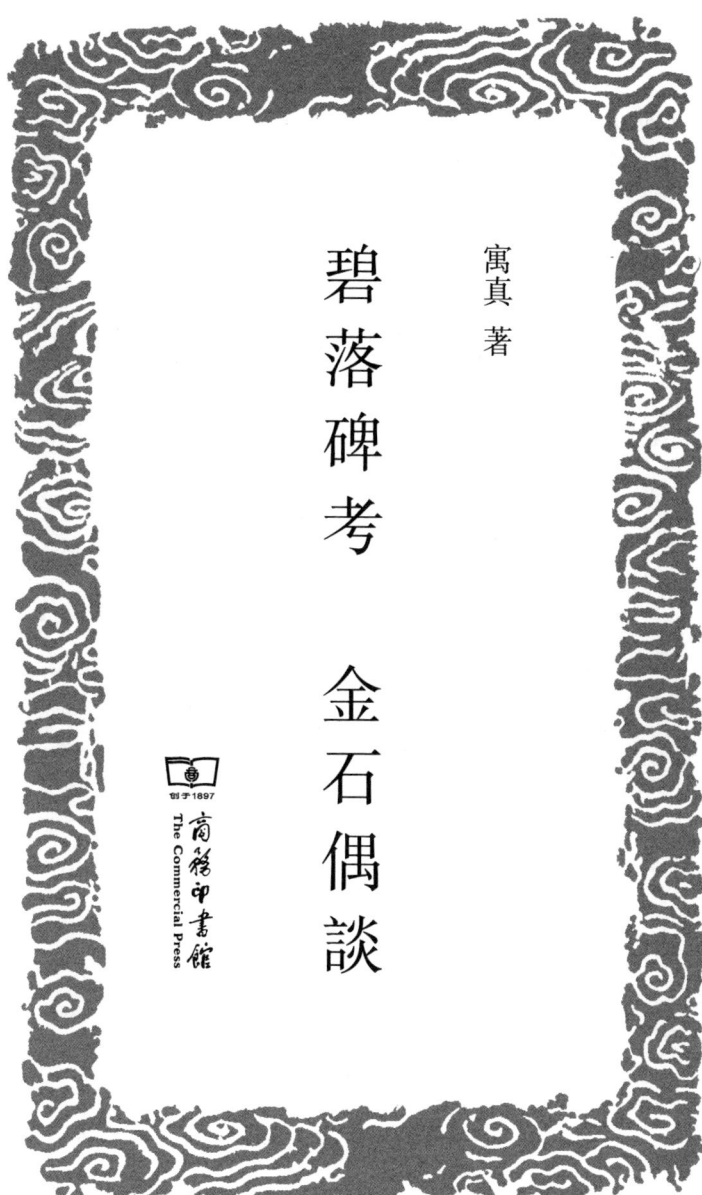

圖書在版編(CIP)目數據

碧落碑考　金石偶談 / 寓真著.—北京：商務印書館，2020

ISBN 978-7-100-18360-4

Ⅰ.①碧…　Ⅱ.①寓…　Ⅲ.①金石—研究—中國—古代　Ⅳ.①K877.24

中國版本圖書館 CIP 數據核字(2020)第 072334 號

碧落碑考　金石偶談

寓真 著

商　務　印　書　館　出　版

（北京王府井大街 36 號　郵政編碼 100710）

商　務　印　書　館　發　行

北京頂佳世紀印刷有限公司印刷

ISBN 978-7-100-18360-4

2020 年 7 月第 1 版　　　　開本 880×1230　1/32

2020 年 7 月北京第 1 次印刷　　印張 11⅛

定價：58.00 元

目次

碧落碑考

附録

金石偶談

碧落碑考

自序

《碧落碑》很有趣。第一是文字有趣，很多難以辨識的篆字，又怪異，又古雅。第二是文章有趣，初唐駢文，初讀不懂，讀懂了讓你拍案叫絶，好文采，好情采。第三是故事有趣，立碑背景與武則天稱帝那一段歷史相關，皇室人物、政治風波隱含其中，亦可歌，亦可泣。

《碧落碑》流傳千數百年，研考其書法文字的學者甚多，卻似乎未曾有人通篇釋義。我考此碑，純屬偶然。這不是我的本業，而且我已垂暮，本來不再研究任何事情。衹是偶然看了此碑，偶然引發興致，不想竟然沉湎其中，竟至於『發憤忘食，樂以忘憂』。不僅逐漸讀懂了碑文，而且讀出了故事，終於揭開了蒙翳古碑的千年迷雲。

僅有六百三十個文字的一篇碑文，讓我矻矻焉琢磨兩年有餘，經數次訂補，才形成這麼一本小書。我覺得有趣，因而介紹給喜好藝文的讀者。是否真的有趣，我不誑説，看了便知。

寓真自序於二〇一九年二月

《碧落碑》考

《碧落碑》是我國唐代的著名石刻，先後刻於澤州、絳州兩處。此碑文字奇詭，篆書古雅，受到歷代學者的推重。但澤州碑是山中磨崖石刻，金元間毀於山火，研究者向來多關注絳州碑，鮮有涉及澤州碑者。由於沒有將兩碑結合研究，金石學者又偏重於書法而未曾全面釋讀碑文的文意，以致在刻碑時間上產生誤解，文篆作者也未能定論，對於立碑的時代背景與真實動機，以及立碑者的命運，都沒有進行過深入探討，因此留下了千年的迷雲。

《碧落碑》自誕生之日，就帶上了神話色彩。《洛中紀異》説：『碑文成而未刻，有二道士來請刻之。閉户三日，不聞人聲。人怪而破户，有二白鴿飛去，而篆刻宛然。』宋代以來凡述及此碑，必會提起這一傳説，使這通古碑猶似立於雲煙之中，又似一個蒙了面紗的麗人。衹有解開千秋迷雲，才能深刻瞭解《碧落碑》的歷史文獻價值。

筆者觀賞此碑拓片，用心已久，經搜求資料，斟酌綜理，對於碑刻來歷與變遷始覺脈絡清晰，故撰此文，以爲千餘年來的紛歧或可一併釋解。

一　《碧落碑》刻於何時

歐陽修《集古録》寫道：『碧落碑在絳州龍興宫。宫有碧落尊像，篆文刻其背，故世傳爲碧落碑。』『碑文言「有唐五十三祀，龍集敦牂」，乃高宗總章三年，歲在庚午也。又云哀子李訓、誼、譔、諶，爲妣妃造石像。』

《集古録》是我國最早的一部金石學著作，所述碧落碑在絳州龍興宫，即今之山西新絳龍興寺。碑文所言有唐五十三年、唐高宗總章三年，後更爲咸亨元年，即公元六七〇年。『龍集敦牂』，意謂歲次午年，古有『在午之年，萬物茂壯』之説。唐代韓王李元嘉的夫人房妃去世後，其子李訓等爲妣妃祈福，造『碧落尊像』，即道教的天尊像，並刻碑文於像背後，這就是絳州碧落碑的來歷。

歐陽修之後，趙明誠與其妻李清照撰考古名著《金石録》，除絳州碧落碑外，還載有『司馬山彌勒石像碑』，曰『永淳二年，篆書，舊在澤州府』，僅寥寥十數字。後人考其所記彌勒石像碑，即澤州的《碧落碑》。金明昌五年（一一九四年），澤州刺史許安仁撰有《碧落寺磨崖碑記》，文中寫道：『唐高宗永淳二年，太尉韓王諸子訓、誼、譔、諶，爲妣妃祈福，因石壁刻彌勒像，磨崖碑其事於側。』許安仁親睹石刻遺跡，並訪問澤州儒生故老，檢閱舊存書傳，所記尤爲確鑿。

澤州造彌勒佛像於山崖，碑文刻在像側；絳州造道教天尊像，碑文刻在像背。兩地分別造像立碑，爲何？因碑文中有『祇奉嚴訓』一語，可知其雖然以孝子名義立碑，實際是奉李元嘉之命，前後刻碑過程與元嘉的官職遷徙密切相關。

李元嘉是唐高祖李淵的十一子。十五歲授潞州刺史，貞觀十年（六三六年）封韓王，升潞州都督，貞觀二十三年（六四九年）加實封滿千户，居潞州（今山西長治）長達五十年，有地尊望重之説。《唐書》云：『高宗末，元嘉轉澤州刺史。』元嘉父子在澤州造像刻碑，正是在『高宗末』，即永淳二年（六八三年）。這年十二月高宗薨，武則天安排她所生的三子李顯繼位，此即唐中宗。中宗在位不滿三個月就被罷黜，武則天開始臨朝攝政。元嘉是中宗的長輩，在李氏諸王中資望最高，武則天進授元嘉爲太尉，想安撫他，但不久又將他調往絳州。顯然，由於元嘉在潞、澤一帶時間過長，武則天放心不下，調换地方，以便控制。元嘉這時也看清了武則天的居心，表面上尊崇宗室，實際將要誅殺諸王中不附己者。因此，元嘉與其子李譔預謀糾合宗室起兵，他以中宗名義下詔説：『太后必盡誅諸王，不如先起事，不然，李氏無種矣！』垂拱四年（六八八年）秋，越王李貞與子李沖率先發兵，其他各王倉促間兵未能到，結果失敗。元嘉回京師被逼自殺，其子李譔等被同時處死。後來到了神龍元年（七〇五年），唐中宗李顯復位才爲他們恢復了名譽。

元嘉的夫人，是唐太宗的重臣、名相房玄齡的女兒。《唐書》說元嘉有六子，《碧落碑》提到的四子，應是房妃所生前四子，即李訓，封潁川王；李誼，封武陵王，官濮州刺史；李譔，黄國公，官通州刺史；李諶，上黨公。咸亨元年即唐朝開國第五十三年，房妃辭世。以四孝子爲母妃祈禱爲由，永淳二年在澤州雕彌勒像，像側磨崖刻碑。元嘉徙任絳州後，約於垂拱二至三年（六八六年至六八七年）造天尊像，在神像背後又刻祀福碑文。兩碑相隔不過三四年時間，前者多佛教語，後者多道教語，碑文有異，篆字相同。

元嘉父子遇害之後大約不長時間，他們在絳州立的天尊像就被州將擊毁，碑文另刻一石。過去歷代金石學者，大多衹是看過絳州碑的摹本，因爲摹本没有刻碑年月的下款，因而容易將碑文所謂『有唐五十三祀』誤爲刻碑時間。澤州碑留有刻碑年款，宋、金著作中明確記載爲永淳二年刻。絳州碑若是刻於有唐五十三年，便早於澤碑十三年，而元嘉的任職是先澤後絳，顯然矛盾。王世貞、顧炎武的跋文中，都曾指出：《碧落碑》云有唐五十三年，而《唐書》説『垂拱中，元嘉徙絳州刺史』，與此不合。這就成爲長期以來的一個不解之謎。

清乾隆進士宋鑒，山西安邑（今運城）人，大學問家閻若璩學説的傳人，他在《半塘閑筆》中辨析前人論述，寫道：『唐韓王元嘉三子黄公李譔，爲母妃房氏祈福，石刻彌勒像、磨崖篆碑；後刺絳州，又刻天尊像篆碑，文異而篆同，皆譔一筆書也。』宋鑒此論簡明而切當，明確指出先有澤碑，後刻絳碑，兩碑都是元嘉三子李譔一人所書。但光緒版《山西通志》引録宋鑒此文時，卻加按語説：『此誤。絳州刻在總章、咸亨間，乃前十年事。』其實不是宋鑒之誤，而是《山西通志》之誤，也是前代多家記述之誤。『有唐五十三祀』是房妃逝世的時間，並非刻碑時間，原碑文如下：

有唐五十三祀，龍集敦牂。哀子李訓、誼、譔、諶，銜恤在疚，置懷靡所。永言報德，思樹良因。敬立　大道天尊，及侍真像。

《碧落碑》開頭的這段話，可作三句來讀。一句説：李氏四兄弟，居喪於有唐五十三年。『銜恤』，含哀、守喪。『在疚』，居喪，在憂痛中。二句説：思念無限，感恩不盡。三句説：爲祈福緣，敬立天尊像，並供奉房妃真容。如果用我們現在的寫作方式，大致可以這樣來表述：『時在大唐開國五十三年，歲次庚午，哀子李訓、李誼、李譔、李諶，痛失慈母，不勝悲慟！哀思久久不知將如何寄託，心中更有着訴説不盡的感恩之言。爲祈求長久的福緣，謹此敬立天尊神像，並供奉慈母真容。』碑文開頭寫出母妃離世的時間，並不代表敬立天尊神像的時間。因爲慘變以來處在長久的哀思中，即使碑文有可能在居喪時擬稿，但造像立碑時間則是不確定的。刻碑的年月通常署在碑末，澤州碑正因爲有下款，後人才知道刻於永淳二年，已是房妃喪後第十三年。絳州碑刻在元嘉徙絳之後，因原碑已毁，使人將房妃死年誤識爲刻石時間。在居喪之年，元嘉與其子並無一人在絳，之前也没有駐絳行跡，房氏更非絳州人士，若説彼時在絳立碑，可謂毫無道理。元嘉移任絳州在武則天垂拱之年，《唐書》記載甚確，絳碑必立於澤碑之後，這樣才順理成章。

二　《碧落碑》立碑之動機

房妃隨同李元嘉居潞州多年，病逝於潞州，但元嘉父子並没有在潞州爲之立碑，爲何等到十多年後，才在澤、絳兩地祈福？通常人死葬畢，墓前並不一定當即竪碑，相隔多年之後才爲死者立碑建祠，這種情況並非罕見。《碧落碑》非是墓碑，而是供奉神像的祀福碑，立碑的時間與地址並無一定。

就元嘉父子的皇室地位而言，凡事必關乎政局。其時房妃之弟房遺愛，已因謀反罪被誅，妃雖免受連坐，爲其立碑尤須慎慮。更因唐高宗長期患病，武則天垂簾聽政，元嘉父子不能不時刻牽念朝政。澤州造彌勒像、刻磨崖碑之時，高宗已命在旦夕，到絳州造立天尊像碑更是在他們策劃反武則天起事之時。紀念前人，所關注的其實是後人的運遇。從兩度造像立碑的時機來看，顯然别有深意。元嘉父子作爲唐王貴胄，爲其帝業的興衰而焦慮。從《碧落碑》碑文中亦可窺見玄機，雖以祭祀房妃爲由，真實意思則是爲李唐王朝的祚命祀禱。

絳州《碧落碑》的主文，大致爲三個部分。第一部分，贊頌天尊。元始天尊是道教所奉的最高神祇，視之爲世界的真宰。碑文多用老莊的經典語言，其中『峒山順風』『汾陽馭辯』兩個典故，分别出自《莊子》的《在宥》和《逍遥游》篇。『曠矣哉』：曠然虚静啊！『道之韞也』：大道藴藏在此啊！『其寄於寥廓之場焉』：世界萬物都寄寓於這無窮無盡的大道之中啊！文章中三個接連的感嘆句，寫出了跌宕氣勢。第二部分，贊頌房妃。自『伏以先妃含貞載德，克懋瓊儀』，寫到『德冠母儀，事高嬪則』，極贊房妃高尚的貞德品質，美好而純潔的風度，爲天下樹立了母德的儀範、婦道的楷模。這段贊語之後，轉折言道：『豈圖昊天不惠，積善無徵！咎罰奄鍾，荼蓼俄集！』意思是説母親的高尚善良的一生，不但没有得到上天的恩惠，反而是種種懲罰和苦難集中而來。這裏所説的集中而來的『咎罰』和『荼蓼』是指什麼呢？除了房家犯事遭到懲罰、房妃早逝令人傷痛之外，是時正值大唐王朝危難之秋，唐高宗久病而駕崩，唐中宗短暫被廢，李氏宗室命運叵測，因此，元嘉父子處於極度的慘苦憂痛之中。於是碑文的第三部分，表明造像立碑的本意，寄託作者的願望，寫道：

> 俍儀品以同煥，指乾坤而齊極。介茲多祉，藩度惟隆。如山作固，永播熊章之烈；循陔自勔，冀申烏鳥之志。

這幾句話的大意是：樹立禮制儀規，使之光輝四照，天地上下有望達到中和的大道。有此鴻福大祉，家國必會興隆。國祚永固，穩如山岳，以永葆雄師的英武；努力奉養，發揚光大，以表達報恩的誠意。

解讀這段碑文，不難看出元嘉父子爲唐朝皇祚而祈禱的深層動機。武則天篡奪皇位之際，李氏諸王中衹有元嘉的地位和威望能够代替唐中宗下詔，或許他還曾想利用爲房妃立碑的名義，召各地宗親來謀劃起兵之事。

《碧落碑》的文字和書法都很古雅，必出高人之手。然唐宋間對於此碑作者記述不一，歐陽修不置可否，雜語迷茫。自金代許安仁，到清代宋鑒，結合澤州碑資料，認爲兩碑都是元嘉之子李譔所作。我們現在通過其立碑背景的分析，又可知元嘉既命其子爲房妃立碑，他對碑文亦必過目，此碑其實是元嘉父子共同成就的傑作。據《唐書》記述，元嘉少年好學，聚書多達萬卷，又採集碑文古跡，得到許多罕見珍本，治學修身，端正嚴謹，類似寒素士大夫。他的三子李譔，聰慧而富有文才，爲一時之秀。武則天誅殺了許多反對她篡位的人士，抄没家産時，元嘉父子藏書最多，古籍都經過審閲訂定，連朝中專藏書籍的秘閣也比不上他們。兩碑應是元嘉指使李譔所作，碑上卻没有作者的任何款記，反而留下一段神話傳説，假託道士上門求刻，閉門三日，篆成後化爲神鴿飛去。這是否是元嘉父子故意使事情神秘化，以有利於鼓動諸王起兵呢？鑒於其刻碑的真實動機，似不妨做此臆測。

元嘉父子作爲李唐宗室，深懷家國之憂，祈望於唐朝江山的穩固。然而，佛道神仙與房妃在天之靈没有能够保佑他們，兩處像碑落成不久，垂拱四年九月，其父子一起斃命於武則天的刑戮之下。《舊唐書·則天皇后本紀》説：『自是，宗室諸王相繼誅死者，殆將盡矣。其子孫年幼者，咸配流嶺外。誅其親黨數百餘家。』

三 《碧落碑》碑名之由來

澤州先立彌勒像，到絳州又立天尊像，其客觀條件是：澤州山間原有一處古佛龕，人稱石佛谷；絳州城内原有一處道觀，名爲碧落觀。前後兩度立像，各藉其原有寺觀所在的地址，恰好佛道並尊。元嘉移任絳州時間很短，不可能新修一座道觀，舊有碧落觀既是造立天尊像的前提，也是後來以碧落傳爲碑名的原因。

唐朝是三教並隆的時代。因唐皇與老子李聃同姓，太宗李世民特立老子在釋迦牟尼之上，高宗尊老子爲太上玄元皇帝。武則天天授二年（六九一年），又改令佛教高於道教之上，僧尼地位提升在道士女冠之前。絳州的碧落觀自此衰敗，後來改爲僧寺。據地方志記，開元年間更名龍興寺。北宋時因趙匡胤住過，一度名爲龍興宫。靖康年間官國子監司業的董逌，號廣川，撰有《廣川書跋》説：『余至絳州龍興宫，考其記，知舊爲碧落觀。』並説：『絳州碧落篆刻天尊背，州將不欲，以槌擊石像，乃摹别石，因封其舊石像。今世所得，皆摹本也。』何時毁去天尊神像，碑文何人何時另刻，無從稽考，所謂『州將不欲』亦含糊其詞。不欲即是不喜好，然州衙將吏爲何不喜此石像，或許與元嘉父子犯事有涉，更有道教貶落的原因。從天授到開元初的二十多年間，道觀衰而佛寺興，天尊像被毁和碑文重刻大致在這段時間中。明代王世貞《碧落碑跋》云：『篆文原刻像背，州將以不便摹拓，別刻置廟中。』趙崡《石墨鐫華》亦如是說。

唐武宗會昌年間曾經大舉拆除佛寺，龍興寺幾成廢墟，而據當時旨令，石刻是容許保留的。唐懿宗咸通年間（八六〇年至八七二年），摹刻的篆書《碧落碑》仍在龍興寺，碑陰加刻了鄭承規的正書釋文，這時已經是元嘉父子被害二百年之後。爲李元嘉平反、恢復封號時，以他晚歲所生而幸存的五子李訥繼承爲韓王，後裔改封鄆王，唐懿宗正是以鄆王即位。鄭承規釋文刻於咸通十一年（八七〇年），有『奉命書』款識，顯然是唐懿宗作爲李元嘉的嫡傳後人登基，因而此碑重新得到了崇重。清代王昶撰《金石萃編》說：『懿宗建號咸通，此碑殆以韓王復嗣，而追崇其先祖之功德，及於遺碑，因加以釋文也。』

北宋之前，《碧落碑》的碑名來源有兩種說法：一說，因碑文中有碧落二字，故稱碧落碑；二說，先有碧落觀，後有碧落碑，碑由觀名。歐陽修《集古録》的説法是：所刻爲『碧落天尊像』，故世傳爲碧落碑。董廣川親自到絳州考察，檢閱舊記，才確知在碧落碑之前已有碧落觀，其說遂爲後人認同。清雍正進士、乾隆吏部尚書汪由敦，撰《松泉文集》說：以碧落碑篆文驗之，立像爲『大道天尊』，並不是『碧落天尊』；文中僅有『棲真碧落』一語，既非全文結束，亦非文中要語。因此，碑名緣於文中有碧落二字的説法顯然謬誤。先有碧落觀而後爲碑名，可爲定論。

再看澤州的《碧落碑》，該碑宋代之前不曾以碧落名之。查《澤州府志》，將近晚唐時，約在元和至長慶年間（八〇六年至八二四年），皇甫曙任澤州刺史，留有《石佛谷》詩。這是在元嘉父子澤州刻碑一百四十年之後，石雕彌勒佛像與磨崖碑依然完好。皇甫詩描寫佛像曰：『金仙琢靈像，相好依北壁。花座五雲扶，玉毫六虚射。』可見雕刻非常精美。詩中對篆書碑也極力贊賞。但寫到石佛寺，卻説：『土僧何爲者，老蒼毛髮白。寢處容身龕，足膝隱成跡。』看來唐代時那個石佛寺很小，僧庵僅有容身之地。百餘年後到了五代晚期，後周廣順年間（九五一年至九五三年）有普龍和尚從五臺山來，擴建佛寺，徒衆日增，但仍然没有碧落寺這個名稱。又百年後，到了北宋慶曆、皇祐年間（一〇四一年至一〇五三年），澤州名儒劉羲叟攜拓本赴京辨識，『養在深閨人未識』的澤州磨崖石刻，這時才得以走出荒山。

劉羲叟是澤州一位奇才，當時稱他『博涉經史，明於治亂』，『尤長於星曆、術數』，『通天人禍福』，觀察天象，預測世事，所言很準。慶曆年間，歐陽修在朝任職諫院時，因麟州（今晋西北與陝西交界一帶）存廢一事，奉命到山西考察，路經澤州，偶爾發現劉羲叟其人，即給朝廷上了《舉劉羲叟札子》。經歐陽修力薦，劉羲叟被起用爲編修官，擢秘書省著作郎，參與修撰《唐書》，專修《律曆》《天文》和《五行志》。劉羲叟作爲澤州名儒，自然也愛重司馬山磨崖唐碑，但不能通識，授編修後攜帶碑拓赴京，請宋祁辨識，作了釋文。歐陽修時已外任滁州，宋祁爲龍圖閣學士、史館編撰。之後有澤州太守宋選，囑其從侄宋敏求將宋祁的釋文寫成隸書，立在了澤州府衙中。宋敏求善作書法，後也成爲龍圖閣學士，參修《唐書》。澤州府衙的釋文碑當立於宋仁宗皇祐年之間（一〇四九年至一〇五三年）。原在荒山深谷的磨崖碑刻，許多年間被當作一個莫名其妙的古跡，人不明白刻的什麼内容，自釋文刻石立於府衙之後，名聲漸而遠播，學界才知道澤碑與絳碑有着同氣連枝的關係。

到了金代，稱澤州磨崖碑亦爲《碧落碑》漸成習慣。碧落原是道教用語，本不爲佛教所用，其碑聞名之後，山崖的石佛寺才隨之更名爲碧落寺。就現存詩文資料，碧落寺之名始見於金代許安仁的《碧落寺磨崖碑記》。其文記述，宋治平年間（一〇六五年前後）賜有『治平院』門額，金明昌五年（一一九四年）山僧慧深增修了山堂，寺院已具相當規模。

約在金元之間，澤州碧落寺遭山火，磨崖碑隨後亦毁。明嘉靖十二年（一五三三年）張宗明撰有《碧落寺西閣記》，記述了正德到嘉靖年間（一五二一年前後）的一次寺院大修。此文前一部分寫道：

寺坐連氏村下，西北有水界山，經寺南流門稍東，雙橋其上。上橋，下路，入寺，房數楹爲南殿，復道橋北稍東爲舊閣。閣對松栝幾萬株，蒼翠鋪於殿。之後爲東西閣，望此寺之奇觀處也。閣舊爲殿，殿舊爲石龕。龕前石壁，直立數仞，磨崖碑刻其上，火毀，今不復存，文亦鮮傳，吾家僅儲楮本耳，惜哉！龕左右，石如鏡，存篆隸行草字十數種，書咸如法，此寺之奇玩處也。

明清兩朝，碧落寺極爲興隆，既得山水幽勝，寺廟建築亦蔚爲大觀。張宗明所説佛龕左右篆隸行草十數種，爲元明文人留題。元代澤州名儒李俊民有詩寫道：『何人開山祖，妙處發天秘。悠悠歲月深，剥落磨崖字。』可知元代磨崖碑雖經山火，又爲風雨剥落，然殘字尚見。清康熙朝名臣陳廷敬遊碧落寺時，卻已陳跡杳然，不禁有惆悵之感，其詩云：『碧落天邊寺，青山有夢尋。』『到來想陳跡，黄葉滿前林。』

《澤州府志》纂於明代，增修於清雍正十三年（一七三五年）。其《山川·鳳臺縣》記曰：『碧落山，縣西北十五里。覆嶺千松，寒翠瀰谷。每陰晦，雲即離離然。一名卧雲山。下臨碧落寺，後石佛谷。東接司馬山，二山綴屬，城堞屏翳。』又記：『司馬山，縣北十里，魏司馬懿封長平侯，嘗登此山。』此處『司馬懿』有誤，應是司馬師，懿之長子，追尊爲晋景帝。該志書中所繪地圖，亦分别標有兩山。但查宋金以前的詩文，衹見有司馬山，未有碧落山。趙明誠記磨崖碑所在爲司馬山，許安仁所記仍是司馬山，明嘉靖年間張宗明記碧落寺所在『乃司馬山西一支山也』。可知司馬山由來已久，鄰山統稱司馬山，明代之後因碧落寺隆興，才有碧落山之名。

綜上所述，兩碑的變遷情況可以這樣概括：澤州刻彌勒像，磨崖篆文，所在原屬司馬山，後名碧落山；絳州刻天尊像，像背篆文，所在先爲碧落觀，後改龍興寺。澤碑先刻，知名在後；絳碑後刻，聞世在先。若是從後溯前，碧落山因碧落寺而名，碧落寺因碧落碑而名，澤州碧落碑因絳碑之名而名，絳州碧落碑因舊有碧落觀而名。正是名碑兩刻，澤絳同輝。

四 《碧落碑》之歷史文化意義

新絳龍興寺、晉城碧落寺都已成爲旅遊勝地。觀光之同時，更值得我們重視的是《碧落碑》的文化價值。

其一，關於文字。研究《碧落碑》，涉及古文字問題。除專家外，對古文字這門學問似乎大多不甚瞭解。筆者也是因近年涉獵金石，才悟出保存古文字的意義。一是學術意義。古籍和古文字是古文化的載體，要學習和繼承傳統文化，就不能把古文字丟失。古文字學可能關係多種學科，不啻是考古和歷史。二是國粹意義。方塊漢字是我們祖先的天才創造，緣於文字統一而有民族統一，而有幾千年未能中斷的中華文明。保留古文字，研究先人造字的方法，及深凝其中的思想內涵，可以瞭解中華文化的淵源，從而增强傳統理念和愛國感情。三是審美意義。漢字起源於圖畫，擴展爲『六書』，形、音、義的構成饒有趣味，加之悠久歷史的沉澱和澤潤，古文字雖然不再爲我們寫作使用，它卻成爲富於美感，可資欣賞的藝術品類。

我國古時有倉頡造字之説。傳説倉頡是黄帝的史官，可稱爲初創象形文字的主要人物。周朝已有『六書』：象形、指事、形聲、會意、轉注、假借，這是古代文字的六種來源。周宣王時，史籀將倉頡文字進行整理修訂，作《大篆》十五篇，史稱籀書。秦始皇統一中國，實行書同文，李斯等創小篆，又稱秦篆。著名的《石鼓文》《詛楚文》，是秦國早期石刻，《嶧山碑》即李斯小篆。按照過去的小學，將古文字分爲三個階段：古文爲上古，籀文爲中古，小篆爲下古。《碧落碑》雜用了倉頡、史籀、秦篆三個時期的古文字，假借、轉注甚多。許安仁説：『其書雜大小篆、鐘鼎之款識，鑄石室之所藏，與夫石鼓、詛楚、嶧山等刻，囊括殆盡。』

宋敏求的澤碑釋文，今已亡佚。鄭承規的絳碑釋文，尚有文本傳世。清代錢大昕《潛研堂金石文跋尾》寫道：『（碧落碑）篆書奇古，小儒咋舌不能讀，賴有鄭承規釋文，稍可句讀。至其假借之原，好古者猶或昧焉。」經後世金石學者辨識，原釋文也有多字之誤，例如：『儀仙』之『仙』誤爲『山』，『同煥』之『同』誤爲『洞』，『叩心感慕』之『叩』誤爲『叨』，等等。有一字篆爲兩個『⊙』並列，鄭釋爲『鄰』，後人有釋『讙』，有釋『曜』，至董廣川改釋爲『品』，文句始覺通順。顧炎武曾經糾正過釋文的幾個錯字，錢大昕又指出顧釋亦有誤者。有一字爲『逮』上加『卄』頭，碑中『貪及餘漏』用此字，鄭謂爲『建』，顧謂爲『逮』，錢解爲古『及』字。錢大昕是清代著名金石學家，多年研習此碑，解釋有據，合於文意。可見古文字辨識之難，誠如董廣川言：『後世不識古字而妄議者可以歎也！』

宋代郭宗恕著《汗簡》，至今爲學術界所推重的一部文字學專著，其中收録了《碧落碑》的古字。清初閔齊伋、畢弘述編撰的《六書通》，也把《碧落碑》作爲字源之一。《六書通》所搜集古文字的來源包括鐘鼎、古石刻、秦漢印章等，是一部流行很廣的古文字字匯。從《汗簡》到《六書通》足以證明，《碧落碑》對於我國古文字的保存，具有着極其重要的文獻價值。

其二，關於書法。以周鐘鼎、秦刻石爲標志的古雅篆書，漢魏以後已趨衰微。到了唐代，唐太宗嗜好王羲之，極譽《蘭亭序》，形成了法書風尚，行、楷、草名家迭出，而對於鐘鼎款識幾無人問津，李斯刻石也大抵毀於唐時。《碧落碑》在這種情況下出現，顯得卓然高大，具有獨特的書法藝術價值。汪由敦《松泉文集》中還有一段關於《碧落碑》的評騭，值得玩味：

自漢以來，草隸盛行，篆法惟習《說文解字》。古文、籀書幾於中絶。所傳陽冰、二徐及夢英輩，大率皆《嶧山》一種，以匀圓齊整爲上，不知古人繁簡參差，惟意所適。按之《石鼓》及夏周以來器物款識，尚可推其遺意。此碑超出相斯窠臼，筆法亦自深穩。意訓、譔弟兄皆振奇好古之士，雜取籀文，兼及小篆，加以詭辭標置，駭動世俗，如道士白鴿神異，故有名當代爾。

此文說到唐代李陽冰，五代後唐的徐鉉、徐鍇兄弟，北宋高僧夢英，這幾位長於篆書的書法家，都是一味學李斯《嶧山碑》小篆，步其後塵，雖然匀圓齊整，卻已失去了《石鼓文》以至鐘鼎款識那種隨心適意、淳樸古雅的遺韻。《碧落碑》脱出了李斯的窠臼，而且筆法深穩，可證其作者李譔必是振古好奇之士，加之道士白鴿神異的傳說，而使此碑聲聞驚世。

後世對於此碑的書法，也有過不同的評騭。明代郭宗昌，一時被譽爲書畫金石的鑒賞大家，他所撰《金石史》卻認爲，《碧落碑》「結體命意雜亂不理」，甚至「凡俗可厭」「已墮近代惡趣」。清代李慈銘反駁說：《碧落碑》不但在書法上高出了當時的任何篆書，而且對於文字學多有貢獻，顧炎武和錢大昕都一致推崇，詆議者豈不是有眼無珠？「宗昌何人，亦蜉蝣之妄撼矣！」

無論郭宗昌，還是顧、錢和李慈銘，都不言澤碑，他們看的衹是絳碑的摹本。大概衹有見過澤碑真跡的人，才會有一種驚心動魄的感受。唐代皇甫曙的詩中寫道：『鳥趾巧均分，龍骸極癯瘠。枯松闊槎枒，猛獸恣騰擲。蛣蝑蟲食蹤，懸垂露凝滴。精藝貫古今，窮巖誰愛惜。托師禪誦餘，勿使塵埃積。』此詩贊美石刻篆書用了幾個形象的比喻：鳥趾和龍骸比喻高古奇異，枯松和猛獸比喻蒼勁雄渾，蛇蟲和垂露比喻婉轉圓潤。皇甫曙作爲澤州刺史，還想到了保護碑刻的責任，詩末寫道：如此精美絶倫的碑刻，融貫了古今的書法藝術，衹是留在那深山石崖上，有誰來愛惜呢？囑托僧人在誦經之餘，注意保護碑壁，不要讓塵埃污損了字跡啊！許安仁《碧落寺磨崖碑記》一文，贊嘆道：『寫以玉箸法，精深奥隱。夢得記之爲嘉話，李監睹之而心醉。』『書翰雙美，孰可當此！』劉禹錫字夢得，《劉賓客嘉話録》有述及《碧落碑》。李監即李陽冰，李白的從叔，官至將作監。

李陽冰是唐代最負盛名的篆書家，學李斯《嶧山碑》，因他筆力豪駿，時人稱之爲筆虎。他本人很自信地説：李斯之後，就是我了，其他書家都不足言也！但他惟獨仰慕《碧落碑》，見此碑字法奇古，自恨不如。據説他寢卧於碧落碑處，『覽之七日而不肯去，習之十二年不成其妙』。這一事跡記載於多種舊籍中，但歷來以爲衹是傳説，趙明誠即持否定態度。這是因爲金石家們看到的衹是絳碑的摹本，誤以爲李陽冰『覽之七日而不肯去』是在絳州，而李陽冰何時去過絳州又别無實據，所以不信者多。殊不知李陽冰當年曾任高平縣令，他所看的正是澤州的磨崖石刻。《山西通志》《澤州府志》記曰：

李陽冰，乾元間爲高平令。憂民之憂，志切休養，有惠政。性明敏，事至談筆處無艱巨也。博學，善書，尤工篆隸，時號筆虎。

唐肅宗乾元年間（七五八年至七五九年），距元嘉父子造立磨崖像碑僅七十餘年，碑字猶新。高平爲澤州屬縣，距離衹有四十餘公里。李陽冰既攻篆書，又近在高平爲官，絶不可能不去澤州觀其刻石。他學的是小篆，看了崖壁上籀文的氣勢而自愧，也是真實情形，而且他最終也確實没有學到《碧落碑》的高古風致。

司空圖《書屏記》寫道：唐書法家徐浩真跡一屏，凡四十二幅，八體皆備，其中尤爲精絶之筆，被稱贊爲『怒猊抉石，渴驥奔泉，可以視「碧落」矣』。此語足以印證《碧落碑》書法之精絶。元代盛熙明《法書考》説：『字雖多不合法，然布置茂美，自有神氣，當以唐碑觀之。』自元代之後，就看不到《碧落碑》真跡了，從前人留下的詩文中，可以知道其篆書是何等不凡，既使李陽冰折服，誠然是周秦以後最高水平的篆書傑作，可謂李斯之後第一碑，或可與《嶧山碑》媲美。直到近代，康有爲仍持此論，其《廣藝舟雙楫·説分》寫道：『《碧落碑》筆法亦奇，不獨託體之古，陽冰見之，寢卧數日不去，則過陽冰遠矣。』

《碧落碑》原刻之神韻，尤其是磨崖石刻之瑰偉，也許是我們今人所難以想象的。可惜澤碑無緣存世，絳碑也非原石了。《絳州志》稱：『碧落碑石刻在州儀門内。碑陰刻鄭承規釋文。遭宋元兵燹缺裂。有後人所刻一碑，僅存形似。』據王壯弘《增補校碑隨筆》説：該碑『明中葉拓本石未斷，明末清初拓，碑自首行「龍」字至末行「書」字中斷，損數十字』。現存碑刻所損數十字，仍如其言。此碑今已列爲國家一級文物，畢竟可以使我們略見唐人遺風。

其三，關於文學。説到唐代文學，都知道以唐詩與韓愈、柳宗元的古文爲代表。但在韓柳古文運動之前，曾經盛行駢體文學。駢文多用四字、六字句，講究諧和聲律，排列對語。我們現在對這種四六文讀之不多，《碧落碑》是典型的初唐駢文，從文學價值上也是值得研究的。全篇行文華麗典雅，儷偶章句讀來饒有别趣，碑文中間一段寫道：

土木非可久之質，熔鑄爲誨盗之先。肅奉　沖規，圖輝貞質。睟容伊穆，玄儀有煒。金真摛耀，凝金闕之易奔；琳華揚彩，若琳房之可覯。霓裳交映，歘駕斯留。帝宸飾翠雲之美，香童散朱陵之馥。

塑像如果用泥土或木料來做，不能耐久；如果用銅金來鑄，又會引誘人來盜竊。因而，遵從樸素的風範，造像用了貞石之質。這是本小段前幾句的意思，説明雕像爲何不以範金，而以石刻。接着描寫雕刻的精美。『睟容伊穆，玄儀有煒』形容先妃温和慈祥，聖像光輝照人。『金闕』『琳房』指神仙的居所，『金真摛耀』『琳華揚彩』指描金繪彩、華麗輝煌，『易奔』『可覿』則表示在仙宫中的自在和顯耀。『霓裳』是仙人的衣裝，『欻駕』是仙駕的輕車，一派飄拂輕柔之態。『帝扆』指帝王的宫苑，『朱陵』是道家的洞天，如翠雲飄繞，有芳香馥鬱，儼然一處福樂之地。作者在這裏展開想象，狀寫天宫的美好情景，表達了對妣妃在天之靈的祝願。

上引僅一小段文字，文辭簡練，内容充滿浪漫色彩。如果用現在的通俗語言來寫，很難達到這樣的文學效果。尤需提到的一點，此碑雖是駢文，其中已夾有散句，如前面引過的『曠矣哉！道之韞也！其寄於寥廓之場焉！』這樣精警的排比語，顯示了碑文不落凡俗的寫作藝術。

《碧落碑》不僅隱藏着一段政治鬥争的逸事，當以歷史文獻視之；而且文篆俱佳，不愧爲綻放在中華文化史上的一枝奇葩。

《碧落碑》背景解

我看《碧落碑》，眼光與前人或有不同。歷代學者對於此碑的研究，着重於其篆書的評論和古文字的辨析。我反復讀過碑文之後，興趣較多地轉移到了文學上。這篇初唐的駢文，情感真摯，結構有致，辭藻雅麗，誦讀再三而感受益深。

《碧落碑》問世之時，正當武則天控制中央政權之際。既是從文學的角度去看，自然會關注那一段歷史情狀。本文力求通過歷史資料的陳述，還原碑文的寫作背景，以便更深刻地瞭解文章的思想內涵。

一　房妃之死

《碧落碑》是以李訓等四子名義，爲韓王之大妃祈福。韓王妃房氏，是房玄齡之女。

房玄齡是隋朝末年的進士，逢大亂之歲，投李世民麾下。其輔助唐太宗平定天下，直到歿於宰相位上，立朝三十二年，歷史上號稱賢相。

李建成初爲太子時，便與齊王李元吉勾結後宮嬪妃，日夜在唐高祖李淵面前誣陷秦王李世民。秦王府僚屬人人憂懼，不知所措。房玄齡爲李世民計議説：『大王功蓋天地，當承大業，今日憂危，乃天贊也，願大王勿疑。』他與杜如晦兩人首先勸説李世民誅殺建成、元吉，於是有玄武門之變。有成語曰『房謀杜斷』，就是指房玄齡多謀，杜如晦善斷，二人共掌朝政，輔助太宗。房玄齡可謂是貞觀之治的第一功臣。史稱他爲相期間，『明達政事，輔以文學，夙夜盡心，惟恐一物失所』。尤其值得稱贊的一事，是他修定法律。《資治通鑒·唐紀十》説：『自是比古死刑，除其大半，天下稱賴焉。玄齡等定律五百條，立刑名二十等，比《隋律》減大辟九十二條，減流入徒者七十一條，凡削煩去蠹，變重爲輕者，不可勝紀。』

貞觀十三年（六三九年），房玄齡被加封爲太子少師。玄齡次子房遺愛婚娶太宗女高陽公主，玄齡女嫁韓王李元嘉爲妃。兩重皇親，顯貴至極。玄齡深怕滿盈，連續三次上表請解職務，太宗不許。可見貞觀一朝對他是何等倚重。至玄齡病危時，太宗親去探視，握手與訣，悲不自勝。

房玄齡死於貞觀二十二年（六四八年），翌年太宗亦駕崩。唐高宗即位初，詔命玄齡配享太宗廟庭。然而，天有不測風雲，後來的情況驟然變化。

高陽公主原是唐太宗最寵愛的女兒。房遺愛婚娶公主，拜駙馬都尉，官至散騎常侍，已經享受特別恩遇，但遺愛竟不知足，高陽公主更是驕恣不羈。房玄齡死後，長子遺直繼承爵位，本在制度與情理之中。遺直懼怕公主，要讓爵位給遺愛，太宗不許，公主因此怏怏不樂。恰逢御史查盜，發現公主與和尚辯機私通，太宗大怒，腰斬辯機，殺了公主身邊的奴婢多人，公主更加怨恨在心。太宗崩，高宗即位，公主爲了奪取封爵，誣告遺直無禮於己。遺直亦訴告遺愛與公主『罪盈惡稔，恐累臣私門』。高宗命長孫無忌鞫問，查獲遺愛與公主有謀反言狀。永徽四年（六五三年），房遺愛伏誅，高陽公主被賜死，諸子配流嶺表，房遺直貶爲銅陵尉（一說除名爲庶人），株連甚多，房玄齡配享廟庭也被罷停。

韓王妃是房遺愛之姊，其弟以謀逆罪服誅，幾乎受到連坐之懲罰。幸虧韓王李元嘉素有名望，高宗顧及其長輩情分，房妃才没有受到追究。母家既遭此大禍，房妃不能不滿懷憂戚，幸好生育有四子，成爲最大的安慰，誠如碑文所云『淮館儀仙』『楚壇敷教』，她的全部心思投入了對兒男的教育上。到了四個男兒相繼成人，各自奔赴所職之時，由碑文中倚閭待歸、徙居送别的描述，亦可以想見房妃是怎樣一種憂傷心境。

房妃病逝時四十幾歲，與其心情鬱苦不無關係。自貞觀十三年爲妃，至咸亨元年（六七〇年）卒，與元嘉夫妻生活凡三十一年。元嘉一直在潞州任上，房妃這三十寒暑大抵也在潞州度過，死後葬於潞州無疑。房家犯事影響甚大，妃雖免坐，其死後恐亦不敢舉行隆重葬儀。所以没有在當時爲其竪碑祈福，顧忌於政治背景應該是一個重要的原因。

二　宗室自危

駱賓王《爲徐敬業討武曌檄》有名句説：『入門見嫉，蛾眉不肯讓人；掩袖工讒，狐媚偏能惑主。』武則天爲昭儀之時，唐高宗受其媚惑，要立她爲皇后，众臣不服。太尉長孫無忌是高宗的舅舅，也是朝中最有威望的老臣。高宗特意帶武氏臨幸無忌的宅第，裝載十車金銀、錦緞賜贈，酒席上又將無忌寵姬的三個兒子封爲朝散大夫，想讓無忌支持更换皇后，無忌卻没有順從旨意，高宗與武氏不悦而歸。其他大臣也極力諫阻，高宗不聽。佞臣許敬宗揚言説：『莊稼漢多收了十斛麥子，還想着要换個新婦爲妻，何况是天子，换個皇后有何相干，何必妄生異議呢！』在這些阿諛逢迎之詞的煽惑下，高宗於永徽六年（六五五年）十月下詔，立武昭儀爲皇后。原先的王皇后、蕭淑妃被廢黜、囚禁。武后遣人將她們各打一百杖，斷去手足，捉入酒甕中，説叫二人『骨醉』。她們死後還又被斬下腦袋，足見武后之毒辣。

許敬宗極盡投機之能事，依附於武后，威寵莫比，反對武后的朝臣相繼被誣陷坐罪。長孫無忌被誣告有謀反狀，高宗流泪說：『我家不幸，親戚之間一再出現有叛變意圖的人。往年高陽公主與房遺愛謀反，現在大舅又如此，使朕愧見天下之人！』長孫無忌不僅輔政有恩，甚至當初高宗立爲太子時，也是得力於無忌相助。但是經不住許敬宗等人一再詐言構陷，高宗還是下詔將他的無忌舅貶到了黔州安置。許敬宗又迎合武后的旨意，派人去黔州逼無忌自縊身亡。無忌的親屬同好無不受其株連，或被處死，或被貶謫流放。從此，唐朝的政權歸到了武則天手中。

長孫無忌當年查處房遺愛一案時，連坐者也很多。其中吳王李恪，是李唐宗室中一個有文武才、有好名望的人。他被處死前罵道：『長孫無忌竊弄威權，構害良善，宗社有靈，當族滅不久！』長孫無忌和房玄齡都是大唐勳臣，他查處了房家，最後卻死在他外甥皇帝手上，落了一個連房家也不如的可悲結果。在封建專制制度之下，爲了絶對皇權而不惜犧牲大臣，這種事情屢見不鮮。皇宮的丹墀上從來都是染滿了鮮血的。

自顯慶五年（六六〇年），高宗發病，因風邪而目眩頭重，由武后垂簾聽政。上元元年（六七四年），皇后改稱爲天后，百司奏事，以至所有官員升降生殺，都由天后決定。武則天從此處心積慮培植親信，排斥和削弱李唐皇室勢力。常樂公主是高祖李淵最小的女兒，得到高宗厚待，武則天懷恨，將公主丈夫趙瓌貶謫，不許他們再回京師。太子李弘，性本仁愛孝順，爲高宗所喜愛，武則天用鴆酒將他毒死。之後改立李賢爲太子，武則天仍然不滿，不久又將其廢爲平民，幽禁起來。李賢的同黨也都被處死。

永淳二年（六八三年）十二月，改元爲弘道元年，高宗於宣詔當夜駕崩。李顯即皇帝位，是爲中宗，尊武則天爲皇太后，政事完全取決於太后。武則天知道韓王李元嘉等皇室諸王地尊望重，擔心他們發動變亂，給他們加了三公等官爵名號，以此安定他們的情緒。實際這時候的宗室上下已經人人自危。

澤州的《碧落碑》，當時爲彌勒寺磨崖碑，正是雕刻於這一年。

李元嘉是唐高祖李淵第十一子。其母宇文昭儀，是隋朝左武衛大將軍宇文述的女兒，早年得到李淵的寵愛。李淵登上皇帝位後，本想立宇文昭儀爲皇后，但她堅辭不受。元嘉生於武德元年（六一八年），深得父母喜愛，少年封宋王。據《舊唐書》：唐太宗貞觀六年（六三二年），元嘉十五歲，授爲潞州刺史；貞觀十年（六三六年）改封韓王，授潞州都督；貞觀二十三年（六四九年），太宗臨終前賜元嘉實封滿千户。《新唐書》云『元嘉貞觀九年授滑州都督』之滑州或有誤，該書《荆王元景傳》所記貞觀十一年事，仍稱『潞州都督韓王元嘉』。元嘉居潞州年資很深，直到高宗病危駕崩前，武則天才改任他爲澤州刺史。元嘉自然明白武則天的用心，雖然不久又給他進爵爲太尉，表面上給予尊崇，實際是要逐步誅殺李氏宗室諸王，命運已危在旦夕。

元嘉之三子李譔，封黄公，聰明過人，才華横溢，多與文學名士交往。晚唐開成年間李漢撰《黄公記》，記述《碧落碑》是黄公所作。但後人不甚瞭解黄公李譔其人，對於碑篆作者每有疑惑。李漢出韓愈門下，通古學，治學嚴謹，曾爲史館修撰，又於絳州任職司馬、刺史，就黄公的本末史實訪採於史官，他的研究是很可靠的。

李譔在母妃逝世後，大概一直想立碑祈福，或者早已撰好了碑文草稿。但其父元嘉修身潔己，處事謹慎，鑒於房遺愛犯罪的影響，絶不會同意當時立碑。

直到永淳二年，元嘉改任澤州刺史，房妃已死十三年，才決定刻碑造像。究其原因大致有二：其一，這年高宗從病危而到駕崩，處在寶璽交接期間，房遺愛謀反案是高宗手上的事情，已經事隔多年，又遇上了朝廷易主，應該是一個可以利用的立碑時機。其二，武則天控制朝政，李唐社稷瀕危，元嘉父子極感憂慮，迫切想求助神聖保佑，他們在澤州山中祭奠彌勒佛像和房妃真容，既是爲房妃的在天之靈祈福，更是爲唐朝、爲宗室、爲身家的安危所着想。

三　預謀起事

唐中宗於弘道元年十二月即帝位，翌年爲嗣聖元年（六八四年），這年二月武則天就宣布廢中宗爲廬陵王。中宗在位不滿三個月。九月改元，稱則天皇后光宅元年。皇帝侍衛軍士十多人在街巷聚會飲酒，其中一人說：『早知道没有什麽功勞賞賜，還不如侍奉廬陵王。』有人離座到北門告發，在座軍士當即被捕，關入羽林軍監獄，說話那人被斬首，告發者被授予五品官，其餘人以知有謀反而不告發之罪判處絞刑。那個時代的告密之風，由此興起。

武則天縱使其武氏親屬掌權，皇室衆人處於自危而悲憤之中。這時有眉州刺史徐敬業，及長安主簿駱賓王等數人因事獲罪，會合於揚州，以恢復廬陵王的帝位爲名，圖謀造反。駱賓王寫了一篇檄文，傳布各州縣，痛斥武則天：『人神之所同嫉，天地之所不容。猶復包藏禍心，竊取神器。君之愛子，幽之於別宫；賊之宗盟，委之以重任。』最後說：『試看今日之域中，竟是誰家之天下！』檄文很有號召力，但徐敬業起兵後，未能直指東都洛陽，救援唐帝復位，卻企圖占據南京自己稱王，因而失去人心，結果慘敗。

平定徐敬業兵變後，改元爲垂拱元年（六八五年）。武則天自徐敬業反而懷疑天下人都在圖謀造反，尤其深知皇族大臣心懷不滿，因而想大加誅殺，以威懾臣民。一面盛開告密之門，爲告密者提供各種方便；一面任用周興、來俊臣一班酷吏，大開詔獄，重設嚴刑，頻繁制造冤案，殺戮無辜，以至人人重足屏息，甚於畏懼虎狼。

垂拱中（六八六或六八七年），韓王元嘉移任絳州刺史，顯然是他守潞澤年久，武則天有調虎離山之意。元嘉與他的同母弟魯王靈夔，向來親密相處，兩人都很重品學修養。他們既是宗室中的長輩，地位威望又很高，武則天視之爲眼中釘一般，不除不快，但受到内史裴炎的極力反對，武則天因此十分不悦。後來裴炎外甥參與了徐敬業造反，裴炎因此遭人誣諂，被逮捕下獄。盡管裴炎被審問時，言辭氣概不屈，最終還是被斬首於洛陽都亭。裴炎是唐高宗遺詔的顧命大臣，他被殺之後，朝中再無人能爲宗室説話。唐皇宗室中，除了元嘉、靈夔兄弟之外，還有青州刺史霍王元軌與其子金州刺史李緒，豫州刺史越王李貞與其子博州刺史李沖，以及申州刺史李融等人，都是德才兼備而享有美譽的人士，無不爲武則天所忌恨。諸王爲此内心不安，暗中有反抗武則天、匡復唐帝的意圖。

垂拱四年（六八八年）春二月，武則天下令拆毁洛陽乾元殿，就地修造明堂。當年山東、河南發生大饑荒，朝廷卻每天役使萬人修建明堂，所費以萬億計，用財如糞土，國庫爲之耗竭。明堂建爲三層，高二百九十四尺，三百尺見方，上爲圓頂，由九條龍捧起。明堂北面又造五層天堂，以佇立大佛像。有御史上疏說：『古代明堂，茅草爲頂，不加修剪，柞木作椽，不加砍削，現在竟然飾以珠玉，塗以丹青，鐵鳳入雲，金龍隱霧，從前殷紂的瓊臺、夏桀的瑶室，都没有這樣奢侈。』武則天對諫勸置若罔聞。這年五月，武則天下詔說將要駕臨明堂，接受群臣朝見，命令各州都督、刺史以及宗室、外戚，提前十日到神都洛陽會集。諸王見到此令大爲驚恐，互相傳遞警告說：『神皇準備在接受朝見、大擺宴席之時，指使人告密，藉此機會盡數逮捕皇族，誅殺無遺。』這時韓王元嘉已經移任絳州刺史。他從潞州移澤州大約兩年時間，武則天得政之初授他太尉爵時任命爲定州刺史，不久後又改任絳州。連番調動，日益顯露出武則天放心不下、必將加害於他的意圖。

據《舊唐書·韓王元嘉》記載，元嘉大懼，與其子李譔等人謀起兵，皇親國戚内外相連者甚廣，於是派人去給李貞、李沖說：『四面同來，事無不濟。』《新唐書》則稱，會武后召宗室朝明堂，元嘉遣使告諸王曰：『大享後，太后必盡誅諸王，不如先事起。不然，李氏無種矣。』並以唐中宗名義下詔，督促諸王發兵。

又據《資治通鑒·唐紀二十》記，黄公李譔用暗語寫信給李貞說：『内人病浸重，當速療之。若至今冬，恐成痼疾。』李譔並假造皇帝御書給李沖稱：『朕遭幽縶，諸王宜各發兵救我。』李沖又詐爲皇帝璽書云：『神皇欲移李氏社稷，以授武氏。』垂拱四年八月間，李沖命令下屬招募兵卒，並分別通告諸王各自起兵，共同向首都進發。

越王李貞將要起兵時，遣使告壽州刺史趙瓌。趙瓌妻常樂公主對使者説：『替我轉告越王：從前隋文帝將要篡奪北周帝位，尉遲迥是北周皇帝的外甥，他還能舉兵匡救社稷，功雖不成，威震海內，足以稱爲忠烈之士。況且你們諸王是先帝之子，豈能不把國家放在心上！現今李氏王朝危若朝露，諸王不捨生取義，還猶豫不予發兵，想等待什麼呢？大禍臨頭了，大丈夫當爲忠義鬼，豈能够白白等死！』

絳州的《碧落碑》，正是在這種形勢下問世的。從授元嘉爲太尉、定州刺史，到改任絳州，間隔很短，史料中没有元嘉居定州的記載，基本上可以認爲他並没有去往定州，而是從澤州逕直到了絳州。垂拱年間徙任絳州時，政治形勢和元嘉父子的心態都已發生了變化，他們已決計起兵反武，所以對於在絳州爲房妃立碑祈福已經没有其他顧慮，可以説已經是一種破釜沉舟的姿態，就是要通過立碑表明他們追隨大道、不忘前烈的堅貞心志，以此告慰先妃，祈求神靈保佑他們正義抗爭的勝利。從碑文內容也可以看出，一面是贊頌大道天尊、仰懷先妃的盛德，一面是反復地吐訴悲痛激慨的心情，毅然寫出了『如山作固，永播熊章之烈』這樣的豪言壯語，表達了匡復社稷的意志。

《洛中紀異》説：刺史李諶，爲母房妃追薦，造像成，有二道士來請書之，閉户三日乃開，化二白鴿飛去，篆文宛然像背。此説不僅是道士白鴿的神話未詳由來，所謂李諶任絳州刺史也没有根據，無從談起。據《唐書》所記，李諶僅見任過杭州别駕一職。絳州《碧落碑》必刻於元嘉任絳州刺史之時，這是不應該有任何疑問的。

李譔任職通州刺史。《唐書》説：『出爲通州刺史，辭疾歸，且謀應越王也。』李譔『辭疾歸』的時間，是與越王李貞預謀起事的時間，也是其父元嘉從澤州刺史到絳州刺史的變動時間。李漢所撰《黄公記》寫道：『天后時，諸武欲掩神器，韓王轉爲絳州刺史。公不勝忍，自京託疾至絳，與韓王議起兵誅諸武，迎中宗於房陵。』從澤州磨崖碑到絳州天尊像碑，作者都是李譔，這在時間上完全可以得到印證。

四　悲劇結局

黄公李譔以有病爲由，脱離通州刺史職守回到父家。永淳年間在澤州刻碑，垂拱年間在絳州刻碑，可知在他生命的最後幾年始終伴隨在元嘉身邊。督促諸王發兵之際，他們父子並没有實際組織軍隊。武則天將元嘉接連三度調職，正是防備他用兵。他到絳州時間很短，又在武則天的監視之中，組織軍事力量想必不大容易。

博州刺史李沖，募兵五千餘人，想渡過黄河奪取濟州。先進攻武水，縱火燒南門，想乘火突入，不料火起後風向逆轉，軍不能進，由此士氣低落，起兵僅七日而敗。越王李貞得知李沖起事，也在豫州舉兵，攻陷上蔡。武則天調十萬大軍討伐他。李貞寡不敵衆，同妻兒一起自盡。宗室諸王往來相約，本當同時起兵，但起兵時間還没有最後商定，李沖急於發難，李貞倉促響應，結果兵敗，其他諸王都不敢再行發動。

武則天爲誅滅宗室諸王，命監察御史蘇珦審查他們謀反情況。蘇珦在審問中没有得到諸王密謀的證據，武則天責問他，他仍堅持説没有證據。武則天説：『你是一個大雅之士，將另有任用，此案不用你辦理了。』於是改由周興來審理。周興立即逮捕了韓王元嘉、魯王靈夔、常樂公主等，逼迫他們自殺，又將黄公李譔等宗室親屬、黨羽衆人一起處死。自垂拱四年（六八八年）九月李貞兵敗，周興在武則天縱容下，不斷羅織罪名殺害皇族人士，至天授元年（六九〇年）八月，兩年之中，唐朝宗室已被清除殆盡，年幼存活者也都被流放嶺南。

又過了三年之後，有人告發嶺南流放人員謀反，武則天派酷吏萬國俊代理監察御史前往查實。

萬國俊到達廣州，召集全部流放人員，傳達武則天命令讓他們自盡。大家哭鬧不服，萬國俊將他們驅趕到水邊，全部斬首，一個早上殺死三百多人。然後僞造他們謀反罪狀，回來奏報，還説其他地方的流放者也一定懷恨謀反，不可不及早殺掉。武則天聽了很高興，萬國俊因此升官。派去其他各道審查流放人員的監察御史，也都仿照萬國俊的做法，殺戮甚濫。

萬俊國衹是武則天朝中的酷吏之一，最爲顯赫的酷吏代表人物當然還是周興和來俊臣。有人告發周興與人串通謀反，武則天命來俊臣審問，歷史上便留下了『請君入甕』的著名故事。來俊臣尤其凶殘，不斷聚集爲非作歹之徒，誣構良善，贓賄如山，冤魂塞路。武則天一直把他作爲功臣，後來實在是大家太憤恨了，才不得不批準殺他。來俊臣被棄市時，仇家争相啖其肉，挖眼剥面，剖腹取心，片刻間踐踏成泥。周興、來俊臣判處了許許多多谋反案，而自從將這兩個酷吏處死之後，武則天就不再听説有謀反的人，於是她也知道以前處死的人都被冤枉了。

我國歷代專制王朝的法律，都缺少訴訟證據制度的規定，這爲酷吏的淫刑濫殺留下了法律的空檔。武則天的統治所依靠的就是一個酷吏集團。但在唐太宗貞觀時期，畢竟已經建立了比較全面的一套政治制度，其中包括納諫制度，鼓勵群臣犯顔直諫。武則天變李唐王朝爲武周王朝，想傳位給武氏的侄兒，也有佞幸之臣上表請立武承嗣爲太子，卻遭到了正直朝臣的反對。武則天最後還是聽從了狄仁傑等人的勸諫，召還廬陵王李顯復爲太子。

武則天晚年病得非常嚴重，死前傳帝位於李顯，即唐中宗。神龍元年（七〇五年）正月，中宗大赦天下，被周興、來俊臣所誣陷的人得以一律雪冤。同年二月，宣布恢復國號，依舊爲唐。自垂拱年間（六八五年至六八八年）以來，韓王元嘉等遭遇非命的宗室，都給予追復官爵，備禮改葬，凡有後嗣者即令其承襲爵位，已無後嗣者擇其親屬爲嗣。散落各地的宗室子孫，相繼來到東都接受召見，流淚行舞拜禮，中宗分別賜給了他們大小不等的官職和爵位。

李元嘉遇害時，其四子中除李訓早卒外，誼、譔、諶皆應同時被誅。十八年之後，終於得到昭雪。尚有其晚生的第五子李訥幸存於世，繼承了韓王的封爵。

除了《唐書》中的簡短傳記之外，史料中没有更多的關於李元嘉的記載。《全唐詩》收有韓王元嘉詩一首，即《奉和同太子監守違戀》。這是唐高宗爲太子時，元嘉寫的唱和詩，『違戀』意爲依依惜别。詩句雅致，略見文學修養。此詩或是附收於唐高宗的詩集中，才得以保存下來，其他詩文大抵在抄没家産時被銷毁了。

五　碑文要義

《碧落碑》碑文的主綫，是爲妣妃造像祈福的緣起、過程、哀思和祝願的叙述。隨着主綫的展開，深切追念先妃，高度贊美其品德，表達了真誠的孝思，同時體現了作者的憂患意識和美好願望。

贊美先妃的高尚品德，是碑文着墨較多的内容。文中真切的描述，使我們看到了一位高貴、倩麗、温慈的古代女性形象。《唐書》説，韓王元嘉修身潔己，内外如一，有似寒素士大夫。可知『含貞載德，克懋瓊儀』的房妃，一定是與韓王十分相稱。這是貴族階層中令人欽佩的人物。瞭解其時代背景之後，他們的遭遇便不能不引人同情。碑文的内在感人之處正在這裏。

碑文作者李譔是一個有才華、有抱負、有血性、有骨氣之人，身爲顯貴王孫，完全没有紈絝子弟的習氣。碑文中反復表達其對於先妃的痛悼和懷念之情，既是他的情真意切的孝思，而且也飽含着家國悲憤和安定山河的願望。他挺身反抗武則天，既爲形勢所迫，也是其志氣使然。我們從碑文中可以讀出他的性情和人格。當年李漢有感於世人祇知《碧落碑》文字，而李譔『忠節不顯』，因而才撰寫了《黄公記》，他贊歎説：『余討史氏，得譔之本末，乃一代忠烈者也！』

《碧落碑》立於碧落觀，碑的正面雕刻了天尊聖像，碑文前一部分因而相應做了道家思想的闡述，但這段内容並不衹是爲了頌揚天尊而寫，其中實際體現着作者的心智自覺。當時武則天重用酷吏，開濫殺之風，與政治比較開明的唐太宗貞觀時期形成反差，碑文在這種情況下宣揚道家的無爲而治的思想，暗含着作者的政治意願。文中對於道域仙境的描繪，其實也反映了作者對於美好世界的嚮往。

我們正是將《碧落碑》置於一個具體的歷史背景之下，從而加深了對於碑文内涵的體會。作者雖然自始至終沉浸在極悲極痛的情緒中，而所表達的主題思想是顯明而豐富的。

從《碧落碑》的寫作藝術方面來看，文體、結構、語言修辭都獨具匠意，堪稱佳作。其文體保留着六朝駢文的風格，講求文采之美，具有悱惻纏綿的抒情性，但同時也具有了初唐散文的淳厚品質。駢四儷六的特徵仍很明顯，而在藻飾、用典以及句式上又都表現了一定的靈活性，有『曠矣哉！道之韞也！』這樣的散句夾用其間。雖駢偶工麗，而絶無浮詞華僞的弊病。

碑文大致分爲五個段落：一段引言，二段闡述大道，三段贊頌先妃，四段描寫雕像、表達祈願，五段結語。有論述，有描寫，有感歎，行文波折起伏，絶不類平鋪直叙的那種乏味的紀念碑文。雖然每段内容各有側重，但轉折自然，上下相繫，全篇結構嚴謹。

語言凝練，儷句工巧，增强了碑文的情味和感染力。如：『峒山順風，遼乎靡索；汾陽馭辯，窅然自喪。』此句僅十六字，濃縮了《莊子》的兩個含義很深的典故。又如：『動容資於典禮，發言光乎箴訓。』以此贊美先妃的高雅素養，意思很貼切，對仗又很典雅。再如：『豈圖昊天不惠，積善亡徵！咎罰奄鍾，荼蓼俄集！』語中滿含沉痛，雖然率直吐出，卻也不同於俗筆。作者顯然具有很深的語言功力，造句多出古典，又不過於奥澀，性靈摇蕩，文意厚重，所以耐人品讀。

李譔的文才在當時就已著名於世，可惜英年遇難，書物又遭抄没，《碧落碑》成了他惟一存世的作品。

釋文

有唐五十三祀，龍集敦牂。哀子李訓、誼、譔、諶，銜恤在疚，置懷靡所。永言報德，思樹良因。敬立大道天尊，及侍真像。

粵若稽古，藐覿邃初，真宰貞乎！得一混成，表於沖用。玄之又玄，跡超言象之域；惟恍惟惚，理冥視聽之端。是以峒山順風，遼乎靡索；汾陽馭辯，窅然自喪。曠矣哉！道之韞也！其寄於寥廓之場焉！至於玉笈宣徽，琅函吐秘；方壺神闕，蒙穀靈遊。倏忽九陔，導飛廉而從敦圉；俯仰六合，戴列星而乘雲氣。固亦昭彰逸軌，肹蠁孤風；淳化其瞭，幽契無爽。

伏以　先妃含貞載德，克懋瓊儀。延慶臺華，正位　藩闈。動容資於典禮，發言光乎箴訓。故紘綖是肅，粢盛無違。大當叶曜，中閨以睦。況倚閭分甘之澤，徙居側眄之規。義越人倫，恩深振古。重以凝神道域，抗志澄源。淮館儀仙，參鴻寶之靈術；楚壇敷教，暢微言之盛範。儒玄兼洞，真俗兩該。德冠母儀，事高嬪則。豈圖昊天不惠，積善亡征！咎罰奄鍾，荼蓼俄集！

訓等痛纏過隙，感切風枝；泣血攀號，自期顛殞。衹奉　嚴訓，兹勉備隆。偷存視息，遄移氣序；幾筵寂寞，瞻望長違。創巨徒深，寄哀何地！所以貪及餘漏，祈福玄宗；敬寫真容，庶幾終古。而土木非可久之質，熔鑄为誨盗之先。肅奉　沖規，圖輝貞質。睟容伊穆，玄儀有煒。金真摛耀，凝金闕之易奔；琳華揚彩，若琳房之可覿。霓裳交映，欻駕斯留。帝宸飾翠雲之美，香童散朱陵之馥。載雕爰畢，式展宬祈。以此勝因，上資神理。伏願棲真碧落，飛步黃庭。謁群帝於天關，攜列仙於雲路。融心懸解，宅美希夷。恒儀品以同焕，指乾坤而齊極。介兹多祉，藩度惟隆。如山作固，永播熊章之烈；循陔自勔，冀申烏鳥之志。

孔明在鑒，非曰道遐；昌言叫閽，庶斯無撥。昔人銜哀罔極，鉛槧騰聲。柔芬克紹，義切張憑之誄；至德興思，痛深陸機之賦。況清輝懋範，宛若前蹤；瞻言景行，敢忘刊紀！餘魂弱喘，情不逮文；謹託真猷，直書心事。音儀日遠，風烈空傳；叩心感慕，終天何及！

绛州《碧落碑》拓片

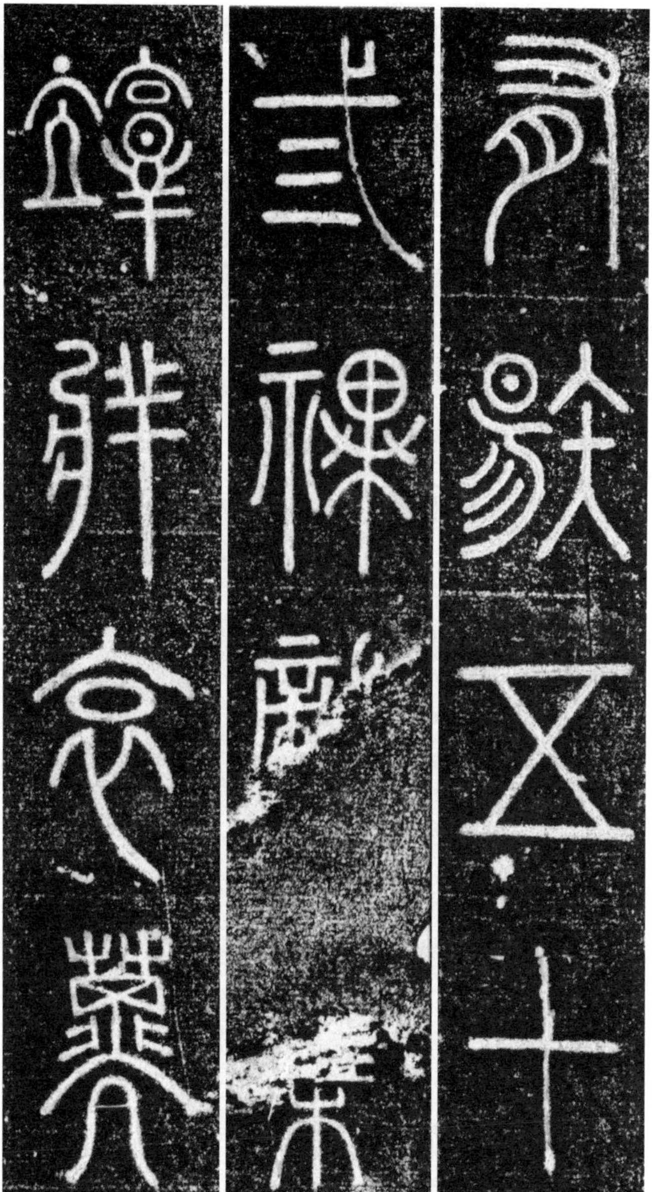

碑文部分拓字

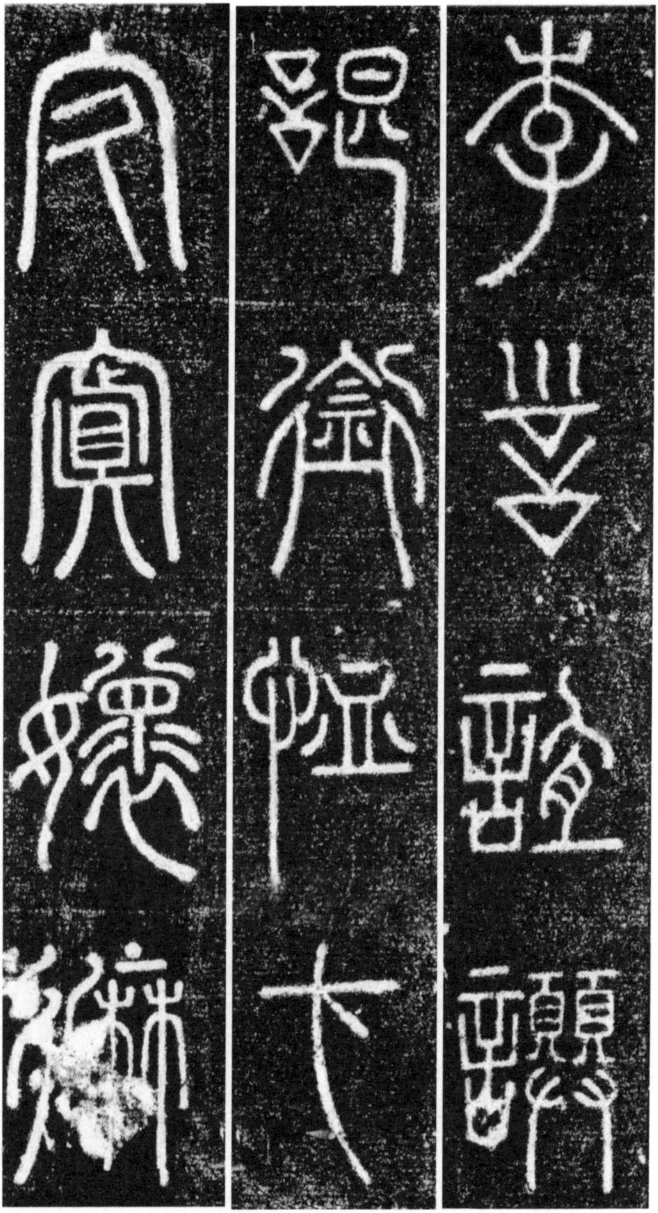

所筋幸德壹世絕尚首四篆立

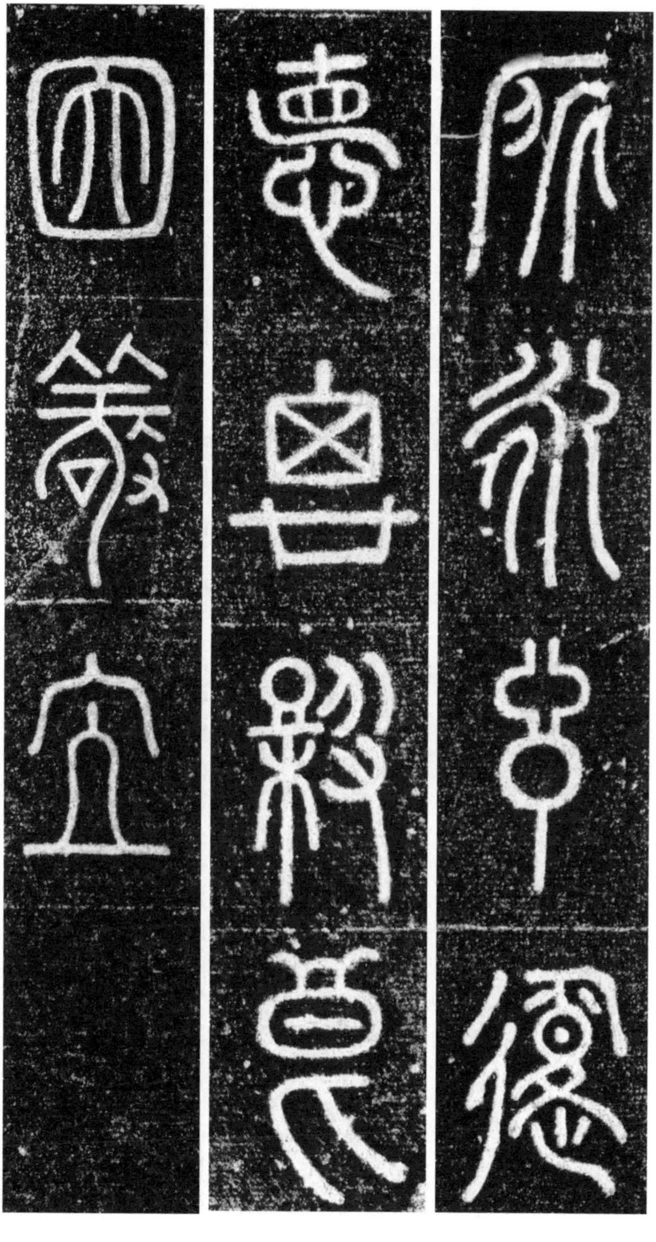

簏俟眞 康
       古
       對

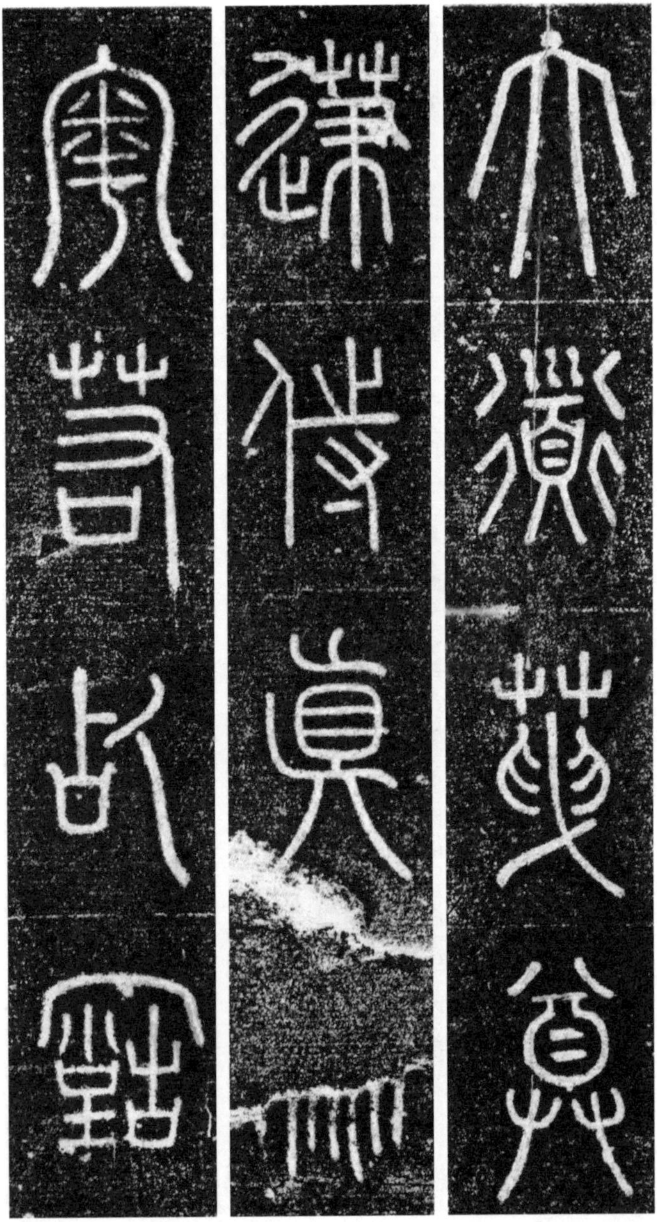

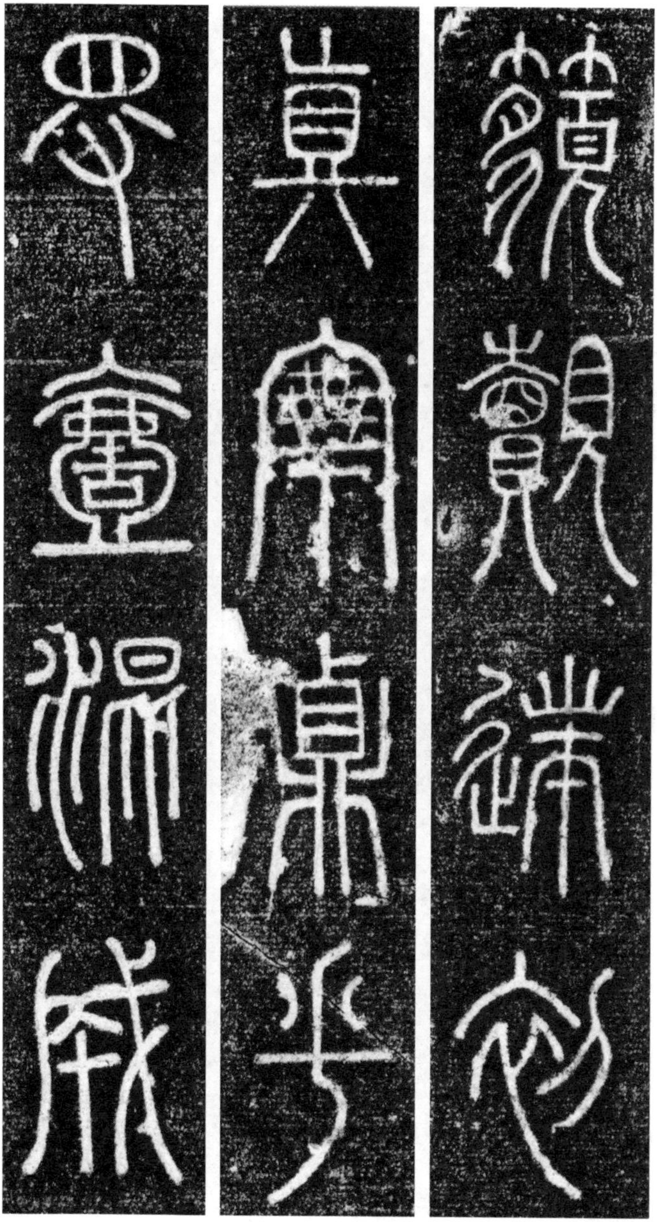

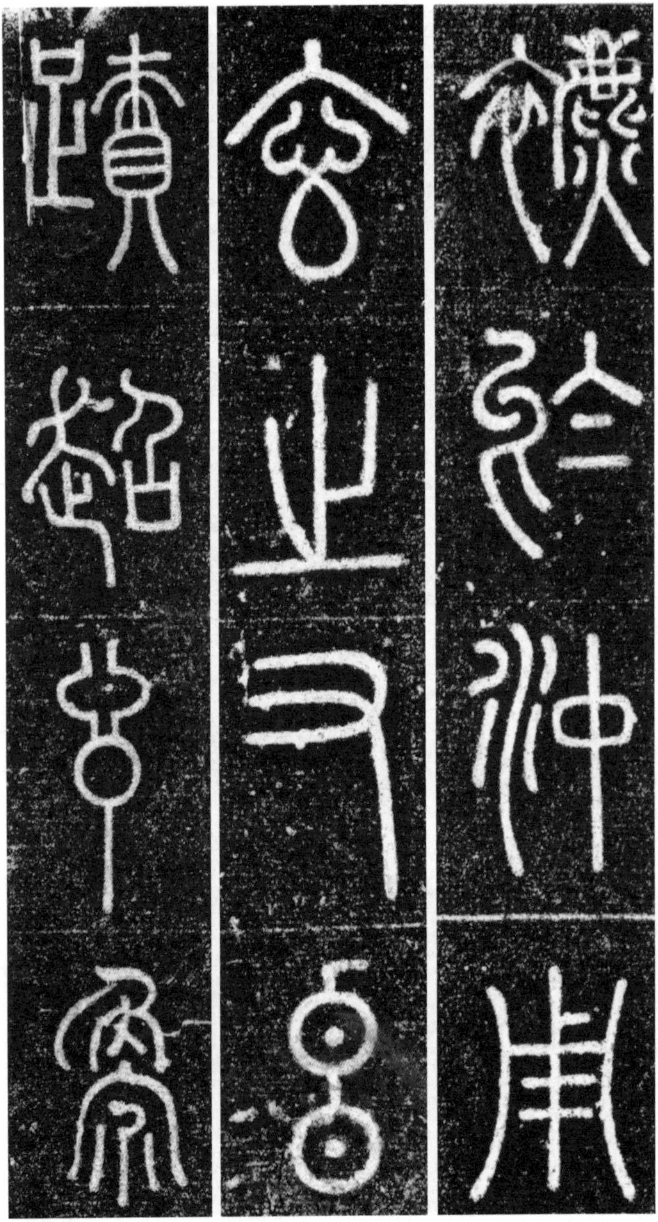

廱崇游揚

繇辭宵難

百熒曉桑

艾其宮殿
麋麀止場
熊通菱秀

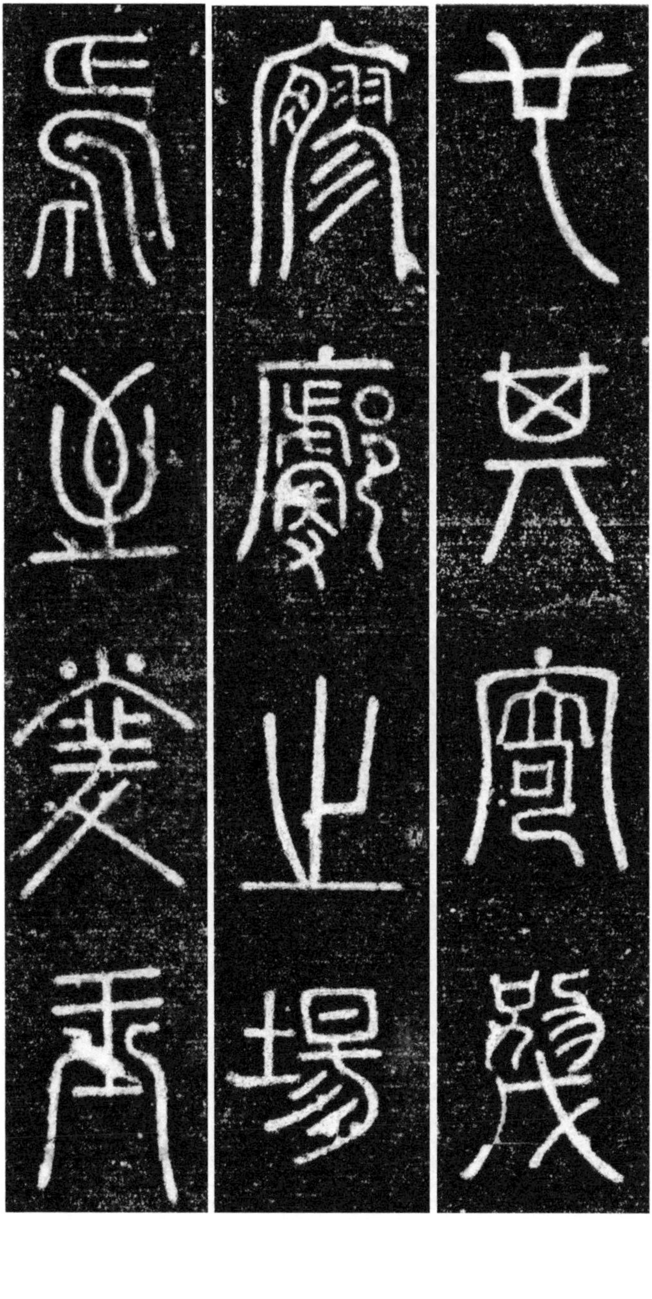

親圖灋陳賢咬商象彖害幾文

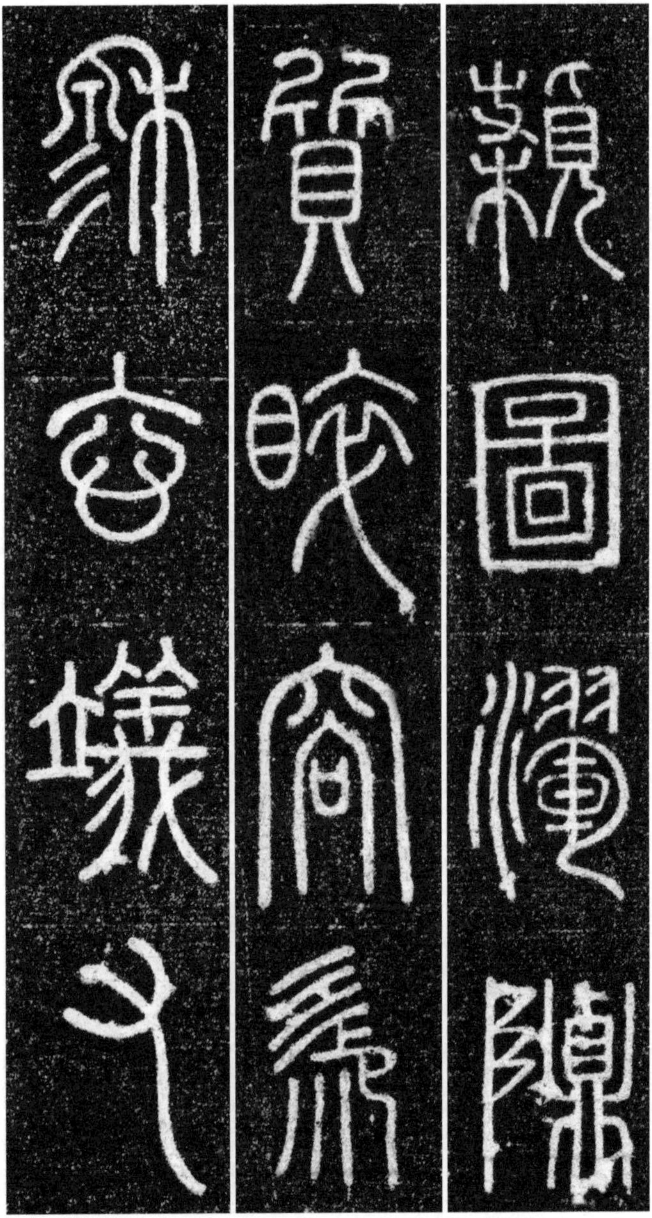

碑文疑難字解

《碧落碑》篆書奇古，以大篆居多，但又不純用籀文，而雜出各種古之書體。即使在唐宋之時，一般文人學者見此碑，也衹得摇頭咋舌，難以辨識。絳碑於晚唐咸通年間，鄭承規奉命釋文，鎸有釋文碑，才使後人能够通讀。澤碑亦有北宋學者宋祁釋文，惜佚失已久。

《潛研堂金石文跋尾》（以下簡稱《潛研堂》）説：『碧落碑釋文，咸通十一年鄭承規所書，距造像時已二百年矣。承規書名不甚著，而楷法遒整。釋文未審即出承規之手，或别有傳授否？要非精研六書、博涉古今者，不能辨也。自宋以來，篆書家奉此釋爲金科玉律，莫敢易一字。顧亭林始糾其誤者數字。』繼顧炎武之後，又歷經學者相參深考，對於鄭承規釋文做了若干補正。

本文將依據前人之研究，並參閲多種辭書，力求將疑難文字做出明晰的解釋，以使之吻合碑文原意。

本文凡引用古籍，悉遵原文。因需用引號、書名號處過多，避免繁瑣起見，有所省略。

[illegible] 古唐字。《集韻》下平聲唐第十一：唐，古作啺、[illegible]、鸉。

[illegible] 竨。《説文》第十立部：竨，磊竨，重聚也。碑文作『敦牂』的敦。偏旁同、读音近，假借。

[illegible] 古子字。《集韻》上聲止第六：子，古作[illegible]、[illegible]。《説文》第十四子部：[illegible]，籀文子，囟有髮、臂、脛，在几上也。

[illegible] 古在字。見於鐘鼎銘款。古孝經作[illegible]。

[illegible] 疚。《集韻》去聲有第四十九：疚，貧病也，從宀，久聲，詩曰：『煢煢在疚。』又：疚，久病也。疚、疚二字，聲同意近，今通作疚。

[illegible] 孃，意謂安和。碑文借作懷字，同聲同右旁，通假。

[illegible] [illegible] [illegible] 言。《碧落碑》凡重複字，大多變换寫法。如言字有兩種，一爲小篆，二爲古文。《集韻》平聲元第二十二：言，古作[illegible]。

[illegible] 借爲報。復字的籀文，碑文借爲報德的報，意義相近，謂之轉注。

[illegible] 樹。《説文》第六木部：[illegible]，樹，籀文。戰國郭店楚簡作[illegible]。此字左旁的結構，[illegible]在上、[illegible]

在下。《碧落碑》翻爲□在下。此種寫法，别處所未見。

□ □ □ □　天。古文天字寫法如：甲骨文□、商鐘鼎文□，古老子□，古尚書□□。《碧落碑》四見天字，篆法各異，可知書篆者對於古文之熟練。

□ □ □　若。《説文》第一艸部：□，擇菜也，從艸，左右手也，一曰杜若，香草名。毛公鼎作□。古尚書作□。古孝經作□。《碧落碑》三見若字，都有所本。

□ □　稽古。《説文》第三卜部：卟，卜以問疑也，從口、卜，讀與稽同。古部：□，古文古。《集韻》平聲齊第十二：卟，或作乩，通作稽。平聲姥第十：古，古作□。

□ □　得一。《説文》第二彳部：□，古文省彳。甲骨文作□，戰國中山王壺作□，古老子作□。一字大寫壹，古作□。

□ □ □ □ □ □　真。碑文真字六種寫法。前三字爲小篆。□爲古文。□亦古文，見於古老子。□即禛，見《説文》第一示部：以真受福也，從示，真聲。聲同通假。

□ □ □　貞。碑文貞字，一爲小篆，一爲籀文，□即隕，原意謂山丘名稱，同音假借。

□　表。見《説文》第八衣部。集韻上聲小第三十作褾。

□□□□ 玄。碑文玄字，四種篆法，或古文，或籀文。汗簡作□。□即眴，音去聲眩，意謂目摇、目昏眩，與玄字音義略近而借之。

□□ 域。《集韻》入聲職第二十四：域，同□，古作□、□。

□□ 惟。碑文惟字三見，□小篆，□籀文，□假借。琟的本義謂石之似玉者。同音相借。

□ 忽，借爲惚。見碑文『惟恍惟惚』。籀文，古老子作□。又，《說文》第五曰部：□，籀文曶。見碑文『倏忽九陔』。

□ 眂，古視字。《說文》第八見部：□，古文視。古老子作□。《碧落碑》此字頗爲獨特。

□ 是，籀文。古老子作□、□。

□□□□ 風。碑文四見風字，篆法別致。古字□，見《說文》第十三風部。飌見《集韻》平聲東第一。古周禮作□。

□ 勞，釋爲遼。鄭承規釋爲勞，今人或以爲勞動之勞，誤也。《詩·小雅·漸漸之石》：『山川悠遠，維其勞矣。』鄭玄箋：『勞，廣闊。』音憐蕭切，意爲遼遠之遼。碑文『勞乎靡索』，意指遼遠無盡。

 馭。見《說文》第二彳部：，從又從馬，古文御。大盂鼎作。

 囏，借爲然。見《說文》第一艸部：草也，從艸，難聲，如延切。《集韻》平聲僊第二：然，古作，通作囏，俗作燃。錢侗跋云：然之作囏，或字也。即異體字。

 於（于）。碑文於字，別處鮮見。於、于屬魚、虞聲，古文同聲轉用，故有異體。

 頨，借爲宣。《集韻》下平聲僊第二：頨，圓面也。與宣同音，假借爲宣徽的宣。

 道。，導。古文道、導，有多種寫法。見之於石鼓文、古老子。其餘或僅存於《碧落碑》。

 飛廉，古動物名。又云風神。《潛研堂》：庯之爲廉，以聲相轉而借者。

 氣。碑文兩見氣字。《集韻》去聲未第八：氣、氣、炁爲同一字，雲氣也。暣同𣅀，日氣也。炁字下部火，上部旡是既的省文，讀氣聲。碑文『戴列星而乘雲氣』作𣅀。『遄移氣序』以㷂爲氣，㷂即炁，求之於古，足以徵信。

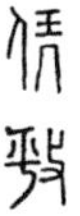 伏。《碧落碑》兩用伏字。碑文『伏以先妃含貞載德』的伏篆作。《潛研堂》說，凭之爲伏，亦屬以聲相轉而借者。伏的古音爲陽聲，讀並職；凭的古音爲陽聲，讀並蒸，二字古音相近。但又

疑爲字形相似而轉借之，古老子伏作，汗簡作，與凭字極彷佛。碑文『伏願』的伏作，此字是古奏字，籀文作。奏有趨進意，伏有身前傾意，聲義略近，故而轉借。

 古先字。見碑文『先妃』之先。古文先字有帶偏旁、不帶偏旁兩種寫法。偏旁像兩个『个』相連，不可誤爲（木）。又，，碑文『熔鑄爲誨盗之先』的先，籀文本爲。《碧落碑》兩先字，本於古籀，而有所變化。

 瓊。鄭承規釋爲瓊。錢大昕以爲瓇，讀若柔。《金石萃編》說：汗簡瓊作，《潛研堂》跋謂瓇，以同音借爲柔字，不當釋爲瓊，然汗簡已作瓊字。今閲碑文『克懋瓊儀』，其意無疑，故《金石萃編》引汗簡爲證可取。學者辨識古文字，難免歧見，而各有得失。

 資。《康熙字典》見部收録此字，釋曰：『贅同資，見碧落碑。』

 餈，借爲粢。，宬，同宬，借爲盛。餈本義爲稻餅，今作茨餅。碑文『粢盛』，音資成，謂盛在祭器内以供祭祀的穀物。

 澤。澤字偏旁水，右文睪。睪古文作。石鼓文澤作，省去水旁。碑文將睪寫爲，水嵌中。此寫法獨見於《碧落碑》。

 古徙字。《集韻》上聲紙第四：徙，又作辿、祉，古作𢓴、𨗺。

 仄，借爲側。《集韻》入聲職二十四：庂，昃，日在西方時側也；仄，側傾也。碑文『仄眄』釋爲側眄。錢侗跋云：側眄作庂，此假借之聲義皆同者也。

 人倫。二字籀文。古老子人作。《說文》第五亼部：侖，籀文侖。侖通倫，同聲通假。

 叀，借爲惠。叀同專，與惠字形近，《說文》同部首。錢侗跋云：『惟文中字本古文叀，借爲「不惠」，字本古文奏，借爲「伏願」，於義於聲殊難通轉，皆所未詳。』其實，叀轉惠不難理解，見《說文》第四叀部：惠，仁也，從心從叀。徐鍇曰爲惠者心專也。奏借爲伏，上文已述及。

 祈之古文又作，，見《六書通》。祈、期同聲，碑文借爲『自期顛殞』的期。

 兹。碑文兩見兹字。古老子慈作。《集韻》平聲之第七：慈，愛也，或作㤵。碑文『兹勉備隆』假借慈爲兹。

 筵。西，音忝，意指舌，舌在口外、以舌端舐物。《潛研堂》說：《廣雅》筵、西皆訓席，故以西爲筵。

 碑文『貪及餘漏』之貪。《集韻》平聲覃第二十二：欲，欲得也，或作㰝、歓。今通作貪。

 古及字。碑文兩見此字，鄭承規釋爲逮、建。顧炎武《金石文字記》指出：『貪逮餘漏』，釋文誤釋逮爲建。後錢大昕又糾正爲『貪及餘漏』。《説文》第三又部：古文及，秦刻石及如此；亦古文及。《潛研堂》説：『碑中蓮字兩見，鄭前釋爲逮，後釋爲建，並誤。按説文，蓮，古文及字。碑前云「敬立大道天尊，蓮侍真容」，後云「貪蓮餘漏」，皆當釋爲及。宋書範蔚宗、徐湛之兩傳，並有「貪及視息」之語，則貪及二字固有本矣。』《金石萃編》又説：汗簡先作，『貪及餘漏』之貪，應釋爲先。今審閲文意，『貪及餘漏』文通，『先及餘漏』則不通。錢大昕指出『貪及』原有出處，可信。未解文意，就字論字，甚不可取。

 意謂古代禮成所奏樂章。《説文》第五豈部：汔也，訖事之樂，從豈，幾聲。碑文借爲『庶幾終古』的幾。

 碑文之伊字。《説文》第八人部：，古文伊。古伊字之上加寫彡，即水，借洢爲伊。彡之下，广即人，是之變體。《碧落碑》此字雖獨特，析之亦可知其所本，並非妄作。

 見《説文》第十本部，意謂疾也，呼骨切，忽聲。碑文借爲『欻篤』的欻。欻意謂輕舉貌，今注音作須。《説文》第八欠部：，有所吹起，聲讀若忽。

 晨。古文作，碑文省筆。晨與宸同聲，假借作『帝宸』的宸。

 鄭承規釋爲美。後世學者無異義，但未見深考。或爲庑字的籀文，庑即廡，古尚書作。廡通嫵，嫵意爲嬌美，訓美。

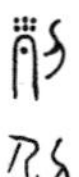 列。碑文兩處列字，寫法不同。《説文》第四刀部：列作。碑文『列仙』作。字編入汗簡。仙的古文作僊、僊。碑文將偏旁亻易爲山。

 品。鄭承規釋爲鄰，宋代學者董廣川指出鄭釋之誤。《廣川書跋》寫道：『世言字不考古，甚則以品爲鄰。今考古文數字正如此，便知後世不識古字而妄議者可以歎也！』但到元代，書法家吴叡、張雨又分別將釋爲讙、曤。清代學者駁元人之非，又以鄭釋鄰字爲是。不知元、清人爲何没有注意到宋人廣川已有定論。古文品寫作。碑文將兩圓圈内加了點，省去下部。類此省筆法，《碧落碑》中非止一例。以作『儀品』的品，合乎文意。鄭釋將『儀品』誤爲『儀鄰』，遂又將佢釋爲住（注），以錯就錯，文意曲解。『住儀鄰』正爲『佢儀品』，碑文『佢儀品以同煥』一句便文從字順。

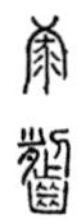 烈。碑文兩見烈字。《説文》第十火部：烈作。《碧落碑》變化該字結構，上部省筆爲，將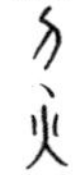置於其下，寫作，似刻意求圖畫效果。又，《集韻》入聲薛第十七：𦢊，齒分骨也。同

聲，不同偏旁，通假。

 叫闇。碑文此詞意謂鳴冤、申訴。鄭承規釋爲嘄閽，《潛研堂》指出其誤。

 聲。古老子作。試析此字結構，由声、殳、耳三者組成。籀文筆畫簡省。

 前人釋爲紛。解讀文意當爲芬。芬又作芬，碑文增筆，作『柔芬』的芬。『柔芬』與下句『至德』對偶，同指盛德美名。

 溺，借爲弱。休是溺的異體字。見《說文》第十一水部：没也，從水從人，奴歷切。段玉裁注：『此沈溺之本字也。』碑文借爲『弱端』的弱。

 彣，借爲文。見《說文》第九彡部，從彡從文。章太炎《文學總略》說：『凡文理、文字、文辭，皆謂文；而言其采色之焕發，則謂之彣。』又，《潛研堂》：『彣本吝字，故借爲文章之文。』

 侂，託的異體字。《金石文字記》說：『託字作侂，宋韓侂胄字本此。』

 古叩字。鄭承規釋爲叨，顧炎武指出其誤。《金石文字記》：『敂，古叩字。出周禮。』錢侗跋云：『叩心作敂，此用本意，而非假借也。』

《碧落碑》的疑難文字，概括言之，大致是三種情況。第一種是古文、籀文，異體字其實也是古字。第二種是假借字，有聲同之假借，有聲義皆同之假借，有聲近義近之假借，有偏旁相同或形似之假借。偏旁（或右文）相同之字，亦多屬聲同或聲近者。第三種是增筆、省筆，或變化結構，大抵是講求字形之美，顯示出書寫者有意裝飾和圖畫的一種審美意念，此種情況的篆字，筆者稱之爲惟美字。

上文已述及諸字之外，碑文若干其他古籀字、假借字、惟美字，分別列舉如次。

一　古籀字

　禩。古祀字。

　古訓字。

　古思字。

　古邃字。

　古也字，見於秦刻。

 廓，見石鼓文。

 笈，編入汗簡。

 古神字。

 俯，本字即頫，今作俯。

 六，見古老子。

 籀文戴。

 古星字。

 古孤字。

 契的異體字。

 古含字，古老子作。

 古克字。

 懋的異體字。

 古正字，見古老子。

 古動字。

 籀文容。

 古典字。

 籀文睦。

 義的異體字。

 古源字，古老子作。

 教，見古老子。

 微，古老子作。

 籀文儒。

 古俗字。

 古圖字。

 古徵字，省筆。《説文》第八壬部：。

 鍾的異體字。

 古枝字。

 古攀字。

 古備字。

 序，見石鼓文。

 古寂字，古老子作。

 古庶字，齊侯鐘作。

 古終字。

 久的異體字。

 古爲字。

 籀文盜。

 穆，籀文作。

 古有字。

 古揚字。

籀文香。

古載字，古老子作。

古展字。

古步字，汗簡作。

古黃字。

古雲字。

夷，古尚書作。

固的異體字。

古熊字。

古烏字，《說文》第四烏部：，古文烏，象形。

斯，古老子作。

古清字。

 古事字。

二 假借字

 椯，木名。借爲端。

 崵。借爲汾陽的陽。

 此字本義謂刀傷。借爲哉。

 雨零的零。借爲靈。

 敆，此字今廢。借爲合。

 鍼，同針。借爲箴訓的箴。

 戉，兵器，同鉞。借爲越。

 ⿱艹深。借爲深。

 軌，意指車軌。借爲抗。

䫏，側弁也，即歪戴帽。借爲俄。

傎。借爲顛。

迻。借爲移。

漠。借爲寂寞的寞。

致。借爲質。

盅。借爲沖。

疑。借爲凝。

此字今廢。借爲畢。

同絡。借爲落。

衕，意謂通街。借爲同。

鍒，指熟鐵。借爲柔。

𥦗，今作罄字。借爲空。

三　惟美字

 粵。筆畫變形。

 象。象形，似圖畫。

 靡。下部『非』作『門』。

 壺。增筆，裝飾。

 乘。筆畫變化。

 無。增筆，講求對稱。

 慶。古文作，古孝經作。

 禮。下部『豆』象形。

 光。象形古字。

 楚。變結構，講求對稱。

善。增益筆畫。

奉。上變形，下省筆。《說文》作奉。

彩。增益筆畫。

駕。結構易位。

留。左右對稱。

朱。增益筆畫。

願。變化字形。

群。省筆，對稱。

融。採用籀文，變化結構。

坤。採用古字，變形。

宛。省筆，對稱。

心。結字別致，有如圖畫。

上述碑文疑難字，注釋盡量採納前代學者的研究成果，僅少數字參有個人見解。筆者對於古文字知識甚淺，不妥之處，尚希方家指正。

有唐五十三祀　龍集敦牂

哀子李訓　誼　譔　諶

銜恤在疚　置懷靡所

永言報德　思樹良因

敬立大道天尊及侍真像

敬立　大道天尊　及侍真像

粵若稽古藐觀邃初真宰貞乎

粵若稽古　藐觀邃初　真宰貞乎

得一混成表於沖用

得一混成　表於沖用

玄之又玄跡超言象之域

玄之又玄　跡超言象之域

惟恍惟惚理冥視聽之端

惟恍惟惚　理冥視聽之端

是以峒山順風遼乎靡索

是以峒山順風　遼乎靡索

汾陽駁辯窅然自喪

汾陽駁辯　窅然自喪

曠矣哉道之韞也

曠矣哉　道之韞也

其寄於寥廓之場焉

其寄於寥廓之場焉

至於玉笈宣徽琅函吐秘

至於玉笈宣徽　琅函吐秘

方壺神闕蒙穀靈遊

方壺神闕　蒙穀靈遊

倏忽九陔導飛廉而從敦圉

倏忽九陔　導飛廉而從敦圉

俯仰六合　戴列星而乘雲氣
固亦昭彰逸軌　肹響孤風
淳化其暸　幽契無爽
伏以　先妃含貞載德　克懋瓊儀
延慶台華　正位　藩闈
動容資於典禮　發言光乎箴訓

故紘綖是肅　粢盛無違

大當叶曜　中閨以睦

況倚閶分甘之澤　徙居側昞之規

義越人倫　恩深振古

重以凝神道域　抗志澄源

淮館儀仙　參鴻寶之靈術

楚壇敷教　暢微言之盛範

儒玄兼洞　真俗兩該

德冠母儀　事高嬪則

豈圖昊天不惠　積善亡徵

咎罰奄鍾　荼蓼俄集

訓等痛纏過隙　感切風枝

泣血攀號　自期顛殞

祗奉　嚴訓　茲勉備隆

偷存視息　遄移氣序

几筵寂寞　瞻望長違

創巨徒深　寄哀何地

所以貪及餘漏　祈福玄宗

敬寫真容庶幾終古

敬寫真容　庶幾終古

而土木非可久之質

而土木非可久之質

熔鑄爲誨盜之先

熔鑄爲誨盜之先

肅奉沖規圖輝貞質

肅奉　沖規　圖輝貞質

睟容伊穆玄儀有煒

睟容伊穆　玄儀有煒

金真摛耀凝金闕之易奔

金真摛耀　凝金闕之易奔

琳華揚彩若琳房之可觀

琳華揚彩　若琳房之可觀

霓裳交映歘駕斯留

霓裳交映　歘駕斯留

帝宸飾翠雲之美香童散朱陵之馥

帝宸飾翠雲之美　香童散朱陵之馥

載雕爰畢式展戒祈

載雕爰畢　式展戒祈

以此勝因上資神理

以此勝因　上資神理

伏願棲真碧落飛步黃庭

伏願棲真碧落　飛步黃庭

謁群帝於天關　攜列仙於雲路

融心懸解　宅美希夷

亙儀品以同煥　指乾坤而齊極

介茲多祉　藩度惟隆

如山作固　永播熊章之烈

循陔自勵　冀申烏鳥之志

孔明在鑒　非曰道遐

昌言叫閽　庶斯無撥

昔人銜哀罔極　鉛槧騰聲

柔芬克紹　義切張憑之誄

至德興思　痛深陸機之賦

況清輝懋範　宛若前蹤

瞻言景行敢忘刊紀

瞻言景行　敢忘刊紀

餘魂弱喘情不逮文

餘魂弱喘　情不逮文

謹託真猷直書心事

謹託真猷　直書心事

音儀日遠風烈空傳

音儀日遠　風烈空傳

叩心感慕終天何及

叩心感慕　終天何及

碑文分段注釋

【第一段】

有唐五十三祀，龍集敦牂。

祀，年。龍集，歲次。敦牂，音對臧，意謂太歲在午之年，有是年萬物盛壯的含意。

唐朝開國第五十三年，歲次庚午。原是唐高宗總章三年。這年三月改元爲咸亨元年。

哀子李訓、誼、譔、諶，銜恤在疚，置懷靡所。

銜恤，含哀、守喪。在疚，居喪，在憂痛中。靡所，没有處所、不知何處。漢蔡邕《郭有道碑文並序》：『永懷哀悼，靡所置懷。』

據《唐書》，韓王李元嘉六子。李訓，潁川王，授職不詳，較早卒；李誼，武陵王，官濮州刺史；李譔，黄公，官通州刺史；李諶，上黨公，歷杭州別駕。此四子爲房妃所生。房妃死，四哀子悲痛至極，深切的哀思感到無所寄託。碑文起初似是擬草於居喪之時。

永言報德，思樹良因。

永言，長言、吟詠。良因，借用佛教語，美好的緣因，指福緣。

承上文『置懷靡所』，因此，以『永言』來報答恩情，真誠爲母妃祈求福緣。

敬立　大道天尊，及侍真像。

大道天尊，指元始天尊，道教供奉的最高天神。侍，供侍，這裏指供奉、奉祀，即祭祀。真像，即真容，指房妃的雕像。

絳州《碧落碑》的原碑，碑文刻在背面，正面雕刻元始天尊像，天尊像下雕有房妃遺像，故云『及侍真像』。

以上碑文第一段爲引言，寫立碑的緣起。

【第二段】

粵若稽古，藐覿邃初，真宰貞乎！

粵若，發語詞。《書·堯典》云『曰若稽古』，即考察古事。藐覿，遠視。邃初，遠古。真宰，宇宙的主宰。貞，堅貞、確信。此句意思是，遥想混沌的遠古，必有真宰而造就了世界。《莊子·齊物論》：『若有真宰，而特不得其朕。可行已信，而不見其形，有情而無形。』意謂：宇宙有主宰者，我們看不到其跡象，而萬物有規律地運行便令人相信，雖然不見其形，卻全在情理之中。碑文如上句，正是《莊子》本意。

得一混成，表於沖用。

得一、混成，道家哲理之語。《老子》云：『昔之得一者，天得一以清，地得一以寧，神得一以靈，穀得一以盈，萬物得一以生，侯王得一以爲天下貞。』又云：『有物混成，先天地生。』沖用，意爲空虛，用之不盡，亦見於《老子》：『道沖而用之，或不盈。』

玄之又玄，跡超言象之域；惟恍惟惚，理冥視聽之端。

《老子》云：『玄之又玄，衆妙之門。』又云：『道之爲物，惟恍惟惚。惚兮恍兮，其中有象。恍兮惚兮，其中有物。』碑文闡述道家的玄學思想。跡超，形跡超越於世外。理冥，事理深不可測。凡天地間之物，有形可見、有聲可聽、有質地可捉摸的，都不足以顯示大道的玄妙，所以說，那超逸、深邃的大道是在言象、視聽之外。

是以峒山順風，遼乎靡索；汾陽馭辯，窅然自喪。

峒山順風，典出《莊子·在宥》。峒山，又作同山。順風，指黃帝再次前去同山拜訪神人廣成子時，廣成子南首而卧，黃帝順下風膝行而進。黃帝求問：『治身奈何而可以長久？』廣成子答曰：『至道之精，窈窈冥冥；至道之極，昏昏默默……』碑文故云『遼乎靡索』。遼，渺遠。靡索，無盡。

馭辯，駕馭世變，應付變化。辯，通變。馭，即御。《莊子·逍遥游》云：『若夫乘天地之正，而御六氣之辯。』順應天地的本性，使萬物隨其自然而變化，這種變化之途是無窮無盡的。又云：『堯治天下之民，平海内之政，往見四子藐姑射之山、汾水之陽，窅然喪其天下焉。』窅然，深遠貌。喪，忘。堯帝到汾陽的姑射山，拜見了四位仙人之後，才知道自己盡力治理的天下，原來是身外之物，不值得留戀，於是頓然醒悟，便把天下忘了，忘了天下就忘了自己，所謂『至人無己』。此爲『汾陽馭辯』典的出處。

曠矣哉！道之韞也！其寄於寥廓之場焉！

三個感嘆句，意思是：曠然虛静啊！大道藴藏在此啊！宇宙萬物都寄寓在這無窮無盡的大道之中啊！

至於玉笈宣徽，琅函吐秘；方壺神闕，蒙穀靈遊。

玉笈，玉飾的書箱。宣徽，宣喻美好的文典。琅函，道書。吐秘，書寫深奥的哲理。方壺、蒙穀，都是神山，蒙穀傳説爲日入之處。神闕、靈遊，指神仙的宫殿、遊苑。這些都是描述天尊所在的上界，果然是神聖之境。

倏忽九陔，導飛廉而從敦圉；俯仰六合，戴列星而乘雲氣。

九陔，九重之天。飛廉、敦圉，古獸。飛廉有風神之説，這裏泛指上界的靈獸。六合，天地四方。列星，羅布天空的恒星。雲氣，氤氳的雲霧。此對偶句，描寫天尊和仙人遨遊宇宙的奇偉景象。

固亦昭彰逸軌，肸蠁孤風；淳化其瞭，幽契無爽。

昭彰，昭著。逸軌，高潔的軌範。肸，音兮，意謂聲響振起或傳播。肸蠁，這裏指傳播、發揚。孤風，孤高的風度、品格。淳化，即淳厚的風俗教化。其瞭，鮮明。幽契，默契。無爽，没有差失。

以上碑文第二段，歌頌大道的深邃雄曠，贊美天尊的英偉和仙人的高尚。可分爲兩個自然段，上段引述道家哲理，下段自『至於』後爲具體描述。後面一句將道家的崇高風範歸結爲『逸軌』『孤風』『淳化』『幽契』，由此引起下文對母妃的贊頌。母妃的美德正是得之於大道。此句有承上啓下的作用。

【第三段】

伏以　先妃含貞載德，克懋瓊儀。

伏，敬詞。含貞載德，内秉高尚的品質。克懋瓊儀，外有美好的豐姿。二句對偶，從内質到儀表，表述對先妃的贊美。

延慶台華，正位　藩閫。

此句亦對偶句，表述先妃的尊貴地位。『台華』意爲台光、台門，這裏指台宰之家，因房妃是房玄齡相府之女。『藩閫』指封疆大吏，韓王李元嘉爲潞州都督，合此稱謂。房妃是韓王之大妃，故稱『正位藩閫』。原文『正位』之後空一格，表示對『藩閫』的尊崇。『藩閫』對偶『台華』，由相府配嫁皇室，故云『延慶』，意爲福澤相沿。

動容資於典禮，發言光乎箴訓。

動容，舉止儀容。資，具備。典禮，禮儀、規矩。發言，表達言辭。光，發揚。箴訓，箴戒、規訓。《孟子·盡心下》：『動容周旋中禮者，盛德之至也。』顔延之《宋文帝后哀策文》：『發音在詠，動容成紀。』

意謂：房妃一切言容舉止都能循規蹈矩，顯得教養有素，不失高貴的雅範。

故紘綖是肅，粢盛無違。

紘綖，古代冠冕上裝飾的繩帶。《國語·魯語下》有『公侯之夫人加之以紘綖』之語，後引爲顯貴人家婦女具有勤儉美德的典故。粢盛，音資成，古代盛在祭器内以供祭祀的穀物，借以泛指祭祀的禮節。

此句通過細節叙述，體現房妃恪勤恪敬的品德。

大當叶曜，中閨以睦。

大當，指正妃。叶，和洽。曜，日月星辰。因正妃以下，還有其他嬪妃家眷，故以『叶曜』喻融洽相處。中閨以睦，即内室和睦，與前句意近。贊美房妃身垂楷範，致使家庭和美融樂。

況倚閭分甘之澤，徙居側眄之規。

況，況且。倚閭，指倚門望子歸來的殷切狀。分甘，意爲慈愛。澤，恩澤。徙居，這裏指兒子成人後離母而去。側眄，側身顧眄，惜别時掩面不忍正視的一種表情。規，規勉、規戒，指臨行時的教導、囑咐。

此句以一個『況』字，表示行文的轉折，以下寫的是母親對兒子的關愛和教育。

義越人倫，恩深振古。

義越，恩德極厚，超邁出衆。振古，自古。

此句歸納上述，贊母妃厚義深恩，母愛是至高的人倫，也是自古以來最感人之真情。

重以凝神道域，抗志澄源。

凝神，聚精會神。道域，真理之域，大道之境。抗志，崇高其志。澄源，澄清經義的本源。

此句感念母親的教導。其施教之側重，在於樹立思想之根本。

淮館儀仙，參鴻寶之靈術；楚壇敷教，暢微言之盛範。

淮館儀仙，指學習《淮南子》。漢朝淮南王劉安，好文學，喜神仙之術，著有專講神仙黄白之術的書籍，有『淮南術』之稱。楚壇敷教，指楚學，關於屈原和《楚辭》的教學。微言，精深微妙的言辭。盛範，美好的典範。

借用兩個典故，意在深入説明上文關於讀書志學的『凝神』『抗志』的情形。

儒玄兼洞，真俗兩該。

儒玄，儒家與道家。洞，洞明、悉知。真俗，修真與入世。該，具備、包含。佛教語中，因緣所生之事理曰俗，不生不滅之理性曰真。入世曰俗，出家爲真。碑文借用佛教語，指入世爲官和脱俗修行的兩種途徑。

這是承接上文關於教育的話。儒家和道家的學問都能通達，從政和修真的道理都能包容，表明了房妃深通於學問修養。

德冠母儀，事高嬪則。

母儀，爲母之道。王維《工部楊尚書夫人墓志銘》：『婦道允諧，母儀俱美。』嬪，婦人的美稱。嬪則，爲婦的楷則。謝朓《齊敬皇后哀册文》：『思媚諸姑，貽我嬪則。』

此句是對先妃的最高贊譽：母德的典範，婦道的楷模。

豈圖昊天不惠，積善亡徵！咎罰奄鍾，荼蓼俄集！

昊天，蒼天。不惠，不給予恩惠。亡徵，無徵，亡讀無音，意謂得不到好的應驗。咎罰，懲罰。奄鍾，驟然匯聚。荼蓼，辛苦（荼味苦，蓼味辛）。俄集，頃刻間集聚而來。

上文寫了房妃的高品美德，至『豈圖』，語氣急轉，反問蒼天道：這樣一位高尚的慈母，難道就是爲了蒼天不加恩惠？她那麽多的善行，難道就不能得到善報？結果竟然是種種懲罰集中而至，艱辛苦難驟然臨頭！作者寫到此處，顯然充滿了悲憤，激慨難以抑制。研究其背景可知，房妃的兄弟犯事，一被處死，一被貶謫，已故之父房玄齡亦詔停配享，妃爲此憂鬱而亡，此是家憂；武則天篡政，李唐宗室後裔面臨被翦除之危，更是國憂。因此，『豈圖』這段話中隱含着雙重憂憤。

以上碑文第三段，主題是對先妃的贊美。全段可分三個自然小段來看，前面是先妃人品的概述；自『況』一轉，具體寫她對於兒男的關懷和教育；『豈圖』又一轉，語多悲憤，引出下文。

【第四段】

訓等痛纏過隙，感切風枝；泣血攀號，自期顛殞。

過隙，時光流逝。風枝，喻先人死、不能奉養，有云『風樹之悲』。唐早期道宣《續高僧傳·譯經二·釋寶唱》曰：『臨朝端默，過隙之思彌珍；垂拱巖廊，風樹之悲愈切。』攀號，原意爲攀龍髯而泣。顛殞，倒斃、覆亡。

此句寫孝子李訓等，在悲痛中苦熬日月，尤其爲再不能孝敬侍奉母親而痛悔。泣血號哭，痛不欲生。

祇奉　嚴訓，玆勉備隆。

祇，恭敬。嚴，指父親。勉，勉力、勉勵。備隆，備善、完好。

此句說：恭敬聽從父親的訓教，而努力勉勵，才没有在悲痛中倒下，才得以節哀善處。

偷存視息，遄移氣序；　几筵寂寞，瞻望長違。

視息，視覺呼吸。偷存視息，意近苟且偷生。遄移氣序，季節、時序迅速推移。『几筵』前空一格，表示尊崇，指祭祀的席位，即先妃的靈位。人已遠去，靈位空在，瞻望遺容而永遠不能相見。

創巨徒深，寄哀何地！

創巨徒深，脫自成語『創巨痛深』。《禮記·三年問》：『創鉅者其日久，痛深者其愈遲。』後以『創巨痛深』謂創傷重、痛苦深。

此句說：心靈忍受着深沉的創痛，這悲哀卻是無地可以寄託。

所以貪及餘漏，祈福玄宗；敬寫真容，庶幾終古。

貪，欲、希望。餘漏，餘澤、餘愛，指前人留給後代的德澤。玄宗，指元始天尊。庶幾，將近、差不多。庶幾終古，在這裏是表達一種永世長存的願望。

上文說到孝子們『瞻望長違』『寄哀何地』，所以，迫切希望得到先妃的餘愛，爲此祈求天尊賜福，並刻畫了先妃的真像，希望能够終古長存。

而土木非可久之質，熔鑄爲誨盜之先。

塑像如果用泥土或木料來製作，不能耐久；如果用金銅來鑄造，又會引誘人來盜竊。

肅奉　沖規，圖輝貞質。

『沖規』之前空一格，表示尊崇，或是其父所囑咐，或指先輩的遺規。沖，意爲沖素、純樸。貞質，貞石、石質。遵從風規，造像用了貞石之質。

睟容伊穆，玄儀有煒。

這是對雕像的描寫。睟容伊穆，指房妃的像，容貌温和而慈祥。玄儀有煒，指天尊像，閃爍着光輝。南朝王融《三月三日曲水詩序》曰：『睟容有穆，賓儀式序。』

金真摛耀，凝金闕之易奔；琳華揚彩，若琳房之可覲。

金真，指金色。摛耀，鋪陳明亮。金闕，道家説天上有黄金宫闕，爲天帝或神仙的居所。易奔，意爲高闊而可以自由奔走。琳華，指美玉般的彩色。揚彩，放射光華。琳房，道家煉丹房的美稱，此處可作琳宫解，即仙宫。可覲，意爲壯觀而可供朝拜。

此句説所刻像碑，雕繪有上界的宫庭，並且塗飾了斑斕的色彩。

霓裳交映，欻駕斯留。

霓裳，仙人的衣裝；欻駕，仙駕的輕車。

此句與下句，均是依據雕像，描述先妃在天宫的美好情景。

帝宸飾翠雲之美，香童散朱陵之馥。

帝宸指帝王的宫殿，朱陵指道家的洞天，有翠雲飄繞，有芳香馥鬱，儼然一處福樂之地。

載雕爰畢，式展宬祈。

載雕爰畢，雕刻造像已經完成。式展，敬仰、瞻仰。宬，《説文》釋曰：『屋所容受也。』段玉裁注：『宬之言盛也。』碑文用爲隆盛意。宬祈，即盛祈，謂隆重的祈禱禮儀。又因早年字殘，有釋爲『歲祈』，年年祭祀。

以此勝因，上資神理。

勝因，善因，借佛教語。上資，資敬、資養。神理，神靈之道。

意謂：謹以美好的心願，獻給尊敬的神道。

伏願棲真碧落，飛步黄庭。

棲真，道家謂存養真性，返其本源。《晋書·葛洪傳論》：『游德棲真，超然事外。』碧落，道教語，指天空、青天。飛步，快步。黄庭，指中央，古人以黄爲中央之色，以庭爲四方之中。

此句表達孝子之心願：但願先妃修真養性，得道爲仙，在天空中自在飛翔。

謁群帝於天關，攜列仙於雲路。

群帝，道家謂五方之帝。列仙，各路神仙。

承上文，先妃會見群帝於九天之上，攜伴列仙在雲中優遊。

融心懸解，宅美希夷。

融心，融暢明徹。懸解，心靈了悟。宅，指心宅、心舍。宅美，意爲内心喜悦。希夷，虚寂清静。《老子》曰：『視之不見名曰夷，聽之不聞名曰希。』

意謂：精神舒暢，無拘無束；内心清静，無憂無慮。

亘儀品以同焕，指乾坤而齊極。

亘，樹立、確立。儀品，禮制、品級。焕，明亮，焕發光華。下句與上句對偶：乾坤對儀品，齊對同，極對焕。極，此處意謂中，中正、中和。《漢書·兒寬傳》：『惟天子建中和之極，兼總條貫，金聲而玉振之，以順成天慶，垂萬世之基。』指乾坤而齊極，意同『建中和之極』；樹立儀品，意同『兼總條貫』。

介兹多祉，藩度惟隆。

介兹多祉，即介祉、大福。藩度，藩屏、國度。惟隆，興隆。承接上文，意近乎『以順成天慶，垂萬世之基』。

如山作固，永播熊章之烈；循陔自勖，冀申烏鳥之志。

如山作固，意在祝願唐朝社稷穩固如山。熊章，熊徽、熊旗，古代旗幟上以熊、虎爲標識，即將士之旗。烈，威武，亦指功烈、功績。循陔，意爲奉養父母。《詩經·小雅·南陔》：『循彼南陔，言采其蘭。眷戀庭闈，心不遑安。』注曰：『循陔以采香草，將以供養其父母。』自勖，自勉。烏鳥之志，意爲人子之孝思，古稱烏鳥反哺，喻孝親、報恩。

此句含意深遠。韓王李元嘉是高祖之子、太宗之弟，其妃房氏又是開國元勳房玄齡之女。熊章之烈，顯是追念先輩之英武。烏鳥之志，亦不啻指盡孝報恩於先妃，對偶上句，應有報答前輩開國功烈之寓意。

以上碑文第四段，碑像作者，亦即先妃之子，以激動的情緒表述其立碑的過程和目的，内涵豐富，文情並茂，是整個碑文的重點部分。可分三個自然小段來看：首先寫出了其所以造像祈福，是出於怎樣一種痛深感切的情境之下；接着，具體而生動地描繪了雕像的壯美，以及對於美好上界的想象；後一小段，以『載雕爰畢』『上資神理』爲轉折，轉向重點表達孝子的內心動機和殷切願望。

後面幾句話的大意是：樹立禮制儀規，使之光輝四照，天地上下有望達到中和的理想。有此鴻福大祉，家國必會興隆。國祚永固，穩如山嶽，威武的雄師將更加奮發；努力奉養，發揚光大，我們的孝思是一片誠意。

絳州立碑之時，武則天已自稱帝，改變國號，元嘉父子作爲李唐宗室，深懷家國之憂，預謀起事。正是這一段碑文，流露了刻碑的深層動機，祈福亦別有隱衷。追懷先輩功烈、報答前人恩德的表述，內含匡復李唐社稷的深意。

【第五段】

孔明在鑒，非曰道遐；昌言叫閽，庶斯無撥。

孔明，非常明晰。張衡《思玄賦》有『彼天監之孔明兮』一語，意爲上天監視甚明。昌言，善言、正當的言論，也可解爲直言。叫閽，本義指向朝廷申訴。庶斯，但願。無撥，或釋爲『無拔』，不拋棄、不拒絕。

意謂：上天明鑒，不能說正道多麼遙遠。善言的訴説，但願能直達天庭而不會被拒絕、棄失。

昔人銜哀罔極，鉛槧騰聲。

罔極，没有窮盡。鉛槧，古文書寫文字的工具（鉛粉、木片），亦指文章寫作。騰聲，傳揚其聲。

意謂：過去人在無限悲哀之際，撰寫文章而使亡人的事跡和名聲能够傳揚。

柔芬克紹，義切張憑之誄；至德興思，痛深陸機之賦。

柔芬，柔淑的遺芬，指先妃的盛德美名。克紹，得以繼承。至德，至高之品德。興思，構思爲文。此句用了兩個典故，是承接上文『鉛槧騰聲』之意而引申之。

張憑之誄，典出《世説新語·文學》：『謝太傅問主簿陸退：張憑何以作母誄而不作父誄？退答曰：故當是丈夫之德，表於事行；婦人之美，非誄不顯。』謝太傅即謝安。張憑，東晋官吏部郎、御史中丞。陸退，憑之婿，官至光禄大夫。

陸機之賦，指陸機《嘆逝賦》。陸機，西晋時歷任太子洗馬、著作郎、中書郎、平原太史，後爲成都王，率兵討長沙王，兵敗被殺，名著有《文賦》。《歎逝賦》作於西晋政治動亂之中，序曰：『余年方四十，而懿親戚屬，亡多存寡……以是哀思，哀可知矣！』撰《碧落碑》文時，李譔年齡恰在四十左右，也正面臨懿親戚屬亡故的多事之秋，因而説『痛深陸機之賦』，其哀可知。刻碑後不久，李譔謀起兵事敗而被殺，遭遇了與陸機同樣的命運，此句竟然成了讖語。

況清輝懋範，宛若前蹤；瞻言景行，敢忘刊紀！

清輝，清容、清範。懋範，美好的風範。瞻言，有遠見的言談。景行，高尚的德行。

意謂：況且高潔而美好的風範，宛若還在面前；高瞻的言辭，高尚的德行，怎麼敢忘了給予刊石紀念呢！

餘魂弱喘，情不逮文；謹託真猷，直書心事。

餘魂，餘留的魂氣。弱喘，餘喘、餘息，餘留的氣息。餘魂、弱喘，兩詞作同義解，可引申爲餘生，作者極言其因哀痛過分，以至神喪氣悴。情不逮文，心情不能盡達於文。謹託真猷，拜託天尊。直書心事，以直率的語言表述真心。《隋書·儒林傳·劉炫》：『殆及餘喘，薄言胸臆。』

音儀日遠，風烈空傳；叩心感慕，終天何及！

音儀，音容。風烈，風操、風範。叩心，捶胸。終天，終身。何及，何極，追之不及，未有終極。晉潘岳有句云：『仰皇天兮歎息，私自憐兮何極！』

碑文第二、三、四段爲主題，第五段是結尾的話，反復表達作者的痛切情懷。最後說：先妃的音容一天比一天遠去了，空有風範流傳；想到親人再也不能相見，不禁捶胸痛悔，終身的感慕和哀思，哪裏是盡頭呢！

文章意猶未盡，餘思悠悠。曾有學者說，看這篇碑文結尾處，似乎没有寫完。其實可以說是作者寫到此處，沉痛至極，再也寫不下去了，衹好掩涕收筆。雖然時光已經流去了一千三百餘年，我們今天讀到此處，仍然覺得可以催人淚下。

碑文改寫爲現代散文

題記：本文試將《碧落碑》碑文，改寫成一篇現代散文。雖然力求體現原作的文情筆意，卻是失去了古文的簡約奧雅、精秀駢儷的風格。碑文僅有六百三十個文字，現在演繹成了兩千字的蕪詞，不足爲訓，僅供讀者參閱。

哀思與祝福

——敬立大道天尊暨先妃真像碑記

唐朝開國第五十三年，歲次庚午，我們敬愛的母妃遽然離別了人間。哀子李訓、李誼、李譔、李諶，自遭此慘變以來，久久的悲痛無以形容，深深的哀思無處寄託。長歌當哭，不足以報答慈母深厚的恩德；傾訴衷懷，祇祈望滋樹先妃永恒的福緣。爲此敬立大道天尊聖像暨先妃您的真容，我們衷心祝願慈母在天之靈，您將永遠與大道同行！

遥想那洪荒的遠古，回望那渺茫的時空，至高無上的道啊，惟其是這宇宙的主宰。混沌中天地開闢，得一而萬物生成。大道是那樣的空虛無垠，永遠用之不竭。玄之又玄的道啊，超越了任何的語言和形象；恍恍惚惚的道啊，完全在人們的視聽感覺之外。昔日的黄帝曾經向峒山神人廣成子請教，才明白了遼遠無涯的道的真諦；堯王前去拜訪姑射山四位仙子，才使他頓悟而忘卻了天下的一切。曠然虛静呀！大道藴藏在此呢！宇宙萬物，原來都是寄寓在這無窮無盡的大道之中啊！

至於天尊那裏的道書寶典，充滿了精緻的辭章和深奥的哲理；那裏的神山仙谷，分布着聖潔的宫闕和幽美的林苑。我們的母妃正是到達了那個神明的境界呢！遨遊於九天，有精靈和仙獸在前面引路；馳騁於四宇，有星辰和雲霧在身邊相伴。在那裏彰顯純美的軌範，弘揚崇高的風尚，淳厚而清明的道行從來不失信義啊！

先妃内秉高潔的品質，外有嫻美的豐姿。出身於貴望之家，而福澤綿延；正位於王室大妃，而名分崇重。您的容表舉止，處處表現出高雅的修養；您的言傳身教，時時播揚着道德的風規。家居衣食，您總是勤勞節儉；奉事祭祀，您定要禮儀周全。您與所有的眷屬和睦相處，我們的家庭真是和樂融融！

先妃的撫愛，我們感念在心。倚門望子的那種牽惦，臨行囑咐的那種關切，多麼感人的母愛啊，這是最高的人倫，也是自古以來頌揚不絕的無比深切的人間真情！

先妃的教導，我們銘記不忘。重在領會大道的宗旨，力求澄清經義的本源，從《楚辭》的微言大義，到《淮南》的仙經道術，儒家與道家的學問都能通達，入世及修真的道理足以包容。真不愧爲母德的典範，婦道的楷模啊！

然而，先妃高品淑德，不應該得到上天的恩惠嗎？先妃積善施仁，反而遭到了怎樣的報答呢？竟然是嚴厲的懲罰，頃刻接踵而至；何至於多方憂患，驟然一起襲來！哪裏能料到您未遂天年，不容兒輩孝敬就猝然仙逝呢！

我們衹能一天天忍受着這痛苦的折磨，泣血哀號，痛不欲生！多虧有嚴父的撫慰和教誨，才使我們勉强節哀自勵；但也不過是苟且偷生，在這時序迅速變化中感懷萬端，不能自已！面對着寂寞的靈位，瞻望遺容卻不能相見，心中像刀割一般痛創難忍。而這巨痛，這大悲，又有什麼地方可以傾訴呢？於是，我們渴望慈顔重現，渴望得到餘留的母愛，爲此而祈求天尊賜福，敬鐫先妃真像，盼望您貞魂永在，盼望您永遠伴隨在我們身邊呀！

塑像如果用泥土或木料來製作，不能耐久；如果用金銅來鑄造，又會引誘來盜竊。因而遵從樸素的傳統，造像用了貞石之良材。栩栩如生的雕刻屹立在面前，先妃是那樣容顏慈祥，天尊又多麼輝光照人！再看那宮室描金繪彩，高敞而可以自由徜徉；整體的景象壯麗堂皇，莊嚴而適合供人朝拜。仙人的霓裳飄然交映，乘坐的輕車逗留其間，翠雲環繞着天帝的殿宇，香童分發着馥鬱的芬芳，真正是一個快樂温馨的洞天福地呢！

精心雕刻的像碑如願告竣，我們將以恭敬的瞻拜，隆重的祭典，獻上最美好的祝福。但願先妃修真養性，得道爲仙，逍遥於碧落之上，怡樂於黄庭之中。朝天闕而會見群帝，登雲路而結伴衆仙。神態融暢，毫無掛礙；心境虛静，充滿喜悦。樹立禮儀制度，必將會使光華普照；指引天地上下，定能實現中和理想。藉此鴻福大祉，家國一定興隆。國祚永固，穩如山嶽，威武的雄師將更加奮發；努力奉養，發揚光大，我們的孝思是一片精誠。

上有青天明鑒，大道並非遥不可及。我們虔誠的祝告，相信可以上達天庭。張憑祇作《誄母文》，爲的是傳揚亡母的美名；陸機寫了《歎逝賦》，也出於感懷死者的盛德。可見前人往往含悲撰文，使亡故的人物能够揚名載史；何況先妃那樣的清輝懋範宛若在眼前，那樣的瞻言景行怎麼能忘了給予刊石紀念呢！然而，朝夕哀悼已讓人神傷氣悴，情悽意切又豈能盡達於文字，謹此拜託天尊，不過是直言心事罷了。

音儀日遠，風烈空傳。再也不能感受母愛的温暖，怎麽能不教人捶胸痛悔！無限的感慕，無限的哀思，哪裏是一個盡頭呢？敬愛的先妃啊，永遠懷念您！

李元嘉傳㊀

韓王元嘉，高祖第十一子也。母宇文昭儀，隋左武衛大將軍述之女也。早有寵於高祖，高祖初即位，便欲立爲皇后，固辭不受。元嘉少以母寵，特爲高祖所愛，自登極晚生皇子無及之者。

武德四年，封宋王，徙封徐王。貞觀六年，賜實封七百户，授潞州刺史，時年十五。在州聞太妃有疾，便涕泣不食。及京師發喪，哀毁過禮，太宗嗟其至性，屢慰勉之。九年，授右領軍大將軍。十年，改封韓王，授潞州都督。二十三年，加實封滿千户。

元嘉少好學，聚書至萬卷，又採碑文古跡，多得異本。閨門修整，有類寒素士大夫。與其弟靈夔甚相友愛，兄弟集見如布衣之禮。其修身潔己，内外如一，當代諸王莫能及者，唯霍王元軌抑其次焉。

高宗末，元嘉轉澤州刺史。及天后臨朝攝政，欲順物情，乃進授元嘉爲太尉，定州刺史；霍王元軌爲司徒，青州刺史；舒王元名爲司空，隆州刺史；魯王靈夔爲太子太師，蘇州刺史；越王貞爲太子太傅，安州都督；紀王慎爲太子太保。並外示尊崇，實無所綜理。其後漸將誅戮宗室諸王不附己者，元嘉大懼，與其子通州刺史、黄公譔，及越王貞父子，謀起兵，於是皇宗國戚内外相連者甚廣。遣使報貞及貞子琅邪王沖曰：『四面同來，事無不濟。』沖與諸道計料未審而先發兵，倉卒唯貞應之，諸道莫有赴者，故其事不成。元嘉坐誅。㊁

譔少以文才見知，諸王子中與琅邪王沖爲一時之秀，凡所交接皆當代名士。時天下犯罪籍没者甚衆，唯沖與譔父子書籍最多，皆文句詳定，秘閣所不及。

神龍初，追復元嘉爵土，並封其第五子訥爲嗣韓王，官至員外祭酒。開元十七年卒。

元嘉長子訓，高祖時封潁川王，早卒。次子誼，封武陵王，官至濮州刺史。㊂

開元中，封訥子叔璩爲嗣韓王、國子員外司業。

㊀此文即《舊唐書·列傳第十四·韓王元嘉》。

㊁《新唐書》：『元嘉至京師，謀泄，後逼令自殺，年七十。』其授潞州刺史爲貞觀六年（六三二年），時年十五，故生年應是武德元年（六一八年）。垂拱四年（六八八年）九月見殺，應是七十一歲。

㊂《新唐書》：元嘉六子。訓，潁川王，早卒。誼，武陵王。諶，上黨公。譔，黃公，工爲辭章，孟利貞嘗稱其文曰：『劉隣之、周思茂不過也。』出爲通州刺史，辭疾歸，且謀應越王也。諶，通音律，歷杭州別駕，與譔俱死。

黄公記　李漢㈠

絳州道士觀，其教所謂碧落尊像者，琢石爲之。其背篆書六百三十九字。□永隆中孝子李譔、諶等，爲妣助冥福建也。文體亦□時宏瞻者。篆六百三十九字。蹤跡奇古妙絶。世傳李監陽冰見□大歎異，服膺像下旬時，卒不得影響。□熱中以椎椎之，今有損處若拳者，文軼也。然因是，其篆顯於世，竟摹寫所謂《碧落碑》者。余討史氏，得譔之本末，乃一代忠烈者也。

高祖子韓王元嘉，嘉生譔，别封黄爲公㈡。天后時，諸武欲掩神器，韓王轉爲絳州刺史。公不勝忍，自京託疾至絳，與韓王議起兵誅諸武，迎中宗於房陵。時琅琊王沖亦與謀，□有日矣。不幸沖不俟期，先起以敗。公□王發覺，伏誅。

嗚呼！史云：公父子皆持□法爲重人，尤好古學，家藏書埒天禄，□書本爲詳定。公爲文，與當時周思茂、孟利貞㈢者齊名。觀中别有記云『荆人陳惟玉書』者，非也。惟玉絶不聞，必公自書。□以在疚，故没耳。不然何書工如此，□□而不悉其人乎？是必無惟玉。余重□□忠節不顯，舉世衹以《碧落》聞。《碧落》□□好事者，以惟玉僞。故刻石碑旁，弔□□爾。

時開成二年㈣十一月二十五日，絳州長史李漢記。

㈠《黃公記》原刻《碧落碑》碑陰。文見胡聘之《山右石刻叢書》卷九。李漢，字南紀，少事韓愈，通古學，屬詞雄蔚。爲人剛，略類愈。愈以子妻之。第進士，累遷左拾遺。唐文宗時擢史館修撰、吏部侍郎。坐牛李黨，出爲絳州司馬，不數年改絳州刺史。宣宗時召拜宗正少卿，卒。《黃公記》對於《碧落碑》研究，具有以下參考價值：一，確認碑作者爲李譔。二，『永隆中』時間雖仍誤記，但指明了房妃逝世之年（大唐五十三年）非是刻碑之年。所言『篆書六百三十九字』，比現存碑多九字，疑或爲立碑紀年落款，被後來改刻者略去者。三，指出世人衹知摹寫其書法，而不重其忠節内涵。此文將立碑與密謀起兵、誅諸武（以武則天爲首的武氏篡政集團）聯繫起來，極爲推崇李譔的忠烈精神。

㈡黃，古地名，西漢爲侯國，以此爲李譔之封爵名。

㈢周思茂，唐高宗時爲太子舍人，擅長文章而受到高宗賞識，累遷崇文館學士。孟利貞，唐高宗時爲太子司議郎，受詔撰文，高宗稱善，擢著作郎，加弘文館學士，著有《續文選》。

㈣開成爲唐文宗年號，開成二年即公元八三七年。

碧落寺磨崖碑記　許安仁㈠

澤以巖邑，冠太行之巔，地勢窪而平。自外而望其中，則蒼煙灌木隱蔽於崖谷之下，不知其有郛郭也。由中而望其外，則重岡疊阜環合於埤堄之上，不知其有阡陌也。

州西有五門，通諸縣，達晉絳。自北第一門，碧落寺也。距城十餘里，間道險隘，山與雲平。路轉曲，阿絶澗。緣北崖而西，步益高，地益狹。幽深閟邃，人意稍變。殿閣北，依山而起；廊廡南，邊澗而列。傑然而雲涌，翼然而翬飛。闌檻之外，有地數尺，僅能通輿馬。下瞰深谷，全石爲底，清泉激烈，自西山來。南則崇崖横起如屏，氣勢與北山相高。南北上下，杉松栝柏，雜衆木爲一。深青淺碧，與夫雕檐畫棟，相錯於煙光日影之間。微風時至，瑟縮澎湃，與泉聲不相辨。使人蕭然有塵外之想，真入佛界，不知其在人境也。

昔晉景帝輔魏，封長平侯，嘗登此山，至今以司馬名焉。唐高宗永淳二年，太尉韓王諸子訓、誼、譔、諶，爲妣妃祈福，因石壁刻彌勒像，磨崖碑其事於側，作屋宇佛龕之上，乃寺之經始也。至後周廣順間，有僧普龍者，自臺山來，愛其泉石，作終焉之計。自爾像設日修，徒衆日广。迄宋治平間，以年紀賜院額。歲月兹久，土木漸腐敗，丹青益故暗。山之僧慧深者，修二梵之福，以增葺自在，直彌勒殿創溪堂，又稍西築山堂，制度如一，取溪山之實，東西相儷焉。

深一日踵門，相告曰：山堂成，敢謁文爲紀。因訪澤之儒生故老，檢閲書傳，得磨崖碑之説，謂文體亦當時宏麗者。辨陳惟玉之僞，必黄公自書，不著其名，以在疚耳，此唐李漢之語也。譔少以文章見知，其文有『偷存視息』之詞，必公自作無疑。自古鐘鼎器物等銘，皆不自名，澤碑亦不自名，豈在疚耶。又云：『詞翰出公手，雙美孰可當。』此宋胡俛[二]紀與詩也。

絳州龍興宫，自碧落尊像篆文刻其背，故世傳爲碧落碑。據李璿之以爲陳惟玉書，李漢以爲黄公譔書，未知孰是，此歐陽文忠公《集古》之語也。譔爲妣妃作天尊於絳、彌勒於澤，各文之以碑，詞異篆同。其書雜大小篆、鐘鼎之款，鑄石室之所藏，與夫石鼓、詛楚、嶧山等刻，囊括殆盡。寫以玉箸法，精深奥隱。夢得記之爲佳話，李監睹之而心醉。絳有開元中石志，謂荆人陳惟玉書，考其年紀與黄尚近。李漢爲州長史，不實此説，謂必黄公自書。胡俛謂漢之言然。無所按據，安知非惟玉也。[三]

澤碑在荒山深谷，好事者以爲詭特之觀，亦莫辨其爲何等語。郡儒劉羲叟仲更，有名當世，愛重其碑，恨未通識。會歐陽公奏爲編修《唐書》官，乃攜楮本之局。因景文宋公子京，始能盡通[四]。即簡所釋，貽澤守宋選。選命其從侄敏求隸書，刻石府廨，世人由是判然。此澤之名儒程重之語也。李漢信其書而不信其文，程重信其文而不信其書。歐公無所可否，蓋未見澤州碑時語也。

嘗試論二碑相去十三年，人生存殁離合，豈黄公自作文須前書碑人書之？意以胡俛之説爲近，當求陳惟玉石志爲證。絳州碑爲碧落，澤州碑當爲彌勒，如隨其像，爲得其實。韓王唐高祖子元嘉妣妃房氏，文昭公元齡之女也。來者有能繼深之功，則道場當與山川相終。深，誠實人也，余故喜爲之書。

明昌五年閏十月三十日，朝列大夫、澤州刺史許安仁記並書。

㈠許安仁，金大定七年（一一六七年）進士，翰林修撰。明昌五年（一一九四年）爲澤州刺史。在郡二年，多善政，升汾陽軍節度史致仕。質實無華，澹然有古君子風。是文載於《澤州府志》，有闕文訛字，今就文意補正。

㈡胡俛，北宋集賢校理，與蘇頌交遊。

㈢《廣川書跋》云：『李肇得觀中石記，爲陳惟玉書。』李肇，唐元和翰林學士，著《國史補》。約與李肇同時代的韋絢，有《劉賓客嘉話録》云：『絳州碧落碑文，乃高祖子韓王元嘉四男，訓、誼、譔、諶爲先妃所制。陳惟玉書。今不知者，妄有指説。』又明初宋濂云：『據李璿之《玉京宫記》，爲陳惟玉書。』陳惟玉，荆州（今湖北江陵）人，史上無書名。雖有上述各文所記，究未明原始出處。《廣川書跋》認爲：『不應一碑便能到古人絶妙處。』許安仁意以李譔自書之説爲近。

㊃澤州磨崖碑爲宋祁通釋。宋祁，字子京，龍圖閣學士、史館修撰，與歐陽修同修《唐書》，遷工部尚書，卒謚景文。

金石文字記㊁

碧落碑，篆書。韓王元嘉四男，爲母房太妃立。碑云「有唐五十三祀，龍集敦牂」，則咸亨元年也。《唐書》言垂拱中元嘉徙絳州刺史，與此不合。今絳州有咸通十一年鄭承規釋文。但篆文難通者頗多，而翻刻復多舛誤。如「淮館儀仙」釋「仙」爲「山」，「貪逮餘漏」釋「逮」爲「建」，「注儀鄰以同煥」釋「同」爲「洞」，「直書心事」釋「書」爲「言」，「敂心感慕」釋「敂」爲「叩」，並誤。「敂」，古「叩」字，出《周禮》。宋謝靈運《山居賦》「眷敂舷之逸曲，感江南之哀歎」，用此字。此碑用「粵若稽古」作「乩」。「託」字作「侂」，宋韓侂胄字本此。

集古録㊂

碧落碑，在絳州龍興宮。宮有碧落尊像，篆文刻其背，故世傳爲碧落碑。據李璿之以爲陳惟玉書，李漢以爲黄公譔書，莫知孰是。《洛中紀異》㊃云：『碑文成而未刻，有二道士來，請刻之。閉户三日，不聞人聲。人怪而破户，有二白鴿飛去，而篆刻宛然。』此説尤怪，世多不信也。碑文言『有唐五十三祀，龍集敦牂』，乃高宗總章三年，歲在庚午也。又云哀子李訓、誼、譔、諶，爲妣妃造石像。按《唐書》，韓王元嘉有子訓、誼、譔，而無諶，又有幼子訥。元嘉以則天元拱四年見殺，在總章三年後十八年，有子訥不足怪，而不應無諶，蓋史官之闕也。

廣川書跋㊄

碧落篆字，李肇得觀中石記，爲陳惟玉書。字奇古，行筆精，絶不類世篆學。而惟玉於唐無書名，不應一碑便能到古人絶妙處。李陽冰於書未嘗許人，至愛其書，寢卧於下，數日不能去。段成式謂碑有『碧落』字，故名之。李肇謂碑在碧落觀故名。李漢謂終於『碧落』字而得名。余至絳州龍興宮，考其記，知舊爲碧落觀。又篆文若未畢者，終非『碧落』字，則肇説是也。其云『有唐五十三祀，龍集敦牂』，永叔謂總章三年。以唐曆考之，實咸亨元年，總章者誤也。又絳州碧落篆刻天尊背，州將不欲，以槌擊石像，乃摹别石，因封其舊石像。今世所得，皆摹本也。雖横直圓方，典型有稽，然遁其神者衆矣。段成式言樊宗師㊅作誌，令陳惟玉立太行山上。此言險怪難知，豈嘗求得其當而妄戲哉！世言字不考古，甚則以『品』爲『鄰』。今考古文數字正如此，便知後世不識古字，而妄議者可以歎也。

金石録㊆

唐碧落碑，大篆書。其詞則唐宗室黄公譔所述。或云陳惟玉書，或云譔自書，皆莫可知。李肇及李漢並言，李陽冰見此碑，裴徊數日不去。又言陽冰自恨其不如，以槌擊之，今缺處是也。此説恐不然。陽冰嘗自述其書，以謂斯翁之後，直至小生，於他人書蓋未嘗有所推許。唐人以大篆當時罕見，故妄有稱説耳。其實筆法不及陽冰遠甚也。

唐碧落碑。段成式謂此碑有『碧落』，故以名；李肇謂此碧落觀也，故名；李漢謂終於『碧落』字而名；歐陽公謂其宮有碧落尊像，文刻其背，故名碧落碑；董逌考其地原名碧落觀，改龍興宮，以李肇説爲是。其書雜出頡、籀、鐘鼎款識，或以爲陳惟玉書，或以爲李譔、李譔書，皆不可辨。《洛中紀異》又云：刺史李諶，爲母房妃追薦，造像成，有二道士來，請書之，閉户三日乃開，化二白鴿飛去，篆文宛然像背。此説尤怪誕。然李陽冰觀之七日而不肯去，學之十二年而不成，其妙如此，其易知哉。又一説，陽冰毁其佳者數字而去，未知然否。篆文原刻像背，州將以不便摹拓，别刻置廟中。今傳皆摹本也。其文曰：『有唐五十三祀，龍集敦牂。』歐公謂爲高宗總章三年，董逌謂爲咸亨元年。按總章三年三月，始改咸亨耳。

唐碧落碑釋文。釋文，鄭承規書，咸通中立。書法方整，甚有歐虞遺意。

懷麓堂集㊈

碧落碑，石本，吾子行所藏。自云手補首行五字，及十五葉一行缺。今觀補字，非子行不能作也。獨跋語謂以籀文歸小篆爲妙絶，恐未必然。周伯琦疑其雜出諸體者得之。蓋其妙在筆，不在體也。此帖數傳至陳刑部明之，予嘗見。此刻久不復識，手臨二本，輒爲好事者取去。數月後，偶檢舊藏而得之。則首行固在，而其中乃缺三十餘字。豈模拓先後，互有異也。古刻浸不完，此固可寶。而子行之篆，伯琦之隸，與楊宗道之楷書，宋潛溪之題跋，皆不可得，已明之。其永寶之。

松泉文集㊀

董逌《廣川書跋》云，段成式謂碑有『碧落』字故名。李肇謂碑在碧落觀。然考之《國史補》，則肇正謂有『碧落』字耳。李漢又謂碑終於『碧落』字，董逌駁其非。今以篆文验之，僅有『棲真碧落』一語，既非全文結束，亦非文中要語。考古人詩文字跡，舉一行首標目者有之，無以末字目全文者，其謬概不待言。歐陽公《集古録》謂龍興宫有碧落尊像，篆文刻其背。宋潛溪亦云，唐高宗咸亨元年庚午歲，韓王元嘉子訓等爲其妣妃房氏造碧落天尊像於龍興宮，而刻文字於背。董廣川則嘗親至絳州龍興宮，考其記知爲碧落觀。今以篆文驗之，但云『立大道天尊及侍真容』，無所謂『碧落天尊』者，疑廣川所云在碧落觀，而龍興舊爲碧落者，爲得其實。此碧落之所以名也。

廣川又謂州將不欲，以椎擊石像，背乃摹別石。今所傳皆摹本。而《五總志》謂絳、澤二州皆有韓王元嘉子黄公爲妣妃薦福作文立石。文雖不同，皆名碧落。在絳州者刻於天尊之背，在澤州者刻於佛龕之西。今以篆文驗之，則云『哀子李訓、誼、譔、諶等，銜恤在疚，置懷靡所，永言報德，思樹良因，敬立大道天尊及侍真像』，又云『敬寫真容，庶幾終古』，則刻文像背者近之。州將摹石，事理所有。顧其文不容有二，則所云澤州傳刻者，又不知出於何人也。《集古録》云李璿之以爲陳惟玉書，李漢以黄公譔書。廣川疑惟玉唐無書名，不應一碑便奄有秦漢到古人絶妙處。宋潛溪又謂翠巖龔聖予以爲宗室譔，或有所考，終莫定其何人。而前人論書率歎其妙絶，至謂李陽冰見而寢處其下，數日不能去。又言陽冰自恨其不如，以椎擊之，今缺處即是。予謂歐陽信本觀索靖碑語附益之，後説鄙謬不足辯。趙明誠謂唐人大篆少見，故妄有稱説，似得其隱。然其文亦不純用籒文，故周伯琦疑其雜出諸體，而李西涯亟取其説。愚謂自漢以來，草隸盛行，篆法惟習《説文解字》，古文、籒書幾於中絶。所傳陽冰、二徐及夢英輩，大率皆《嶧山》一種，以匀圓齊整爲上，不知古人繁簡參差，惟意所適。按之《石鼓》及夏、周以來器物款識，尚可推其遺意。此碑超出相斯窠臼，筆法亦自深穩，意訓、譔弟兄皆振奇好古之士，雜取籀文，兼及小篆，加以詭辭標置，駭動世俗，如道士白鴿神異，故有名當代爾。

越縵堂讀書記(二)

閲唐潁川王訓等《碧落碑》，不特字畫高出《峿臺銘》《縉雲城隍碑》，其假借通正亦深有裨於小學。顧亭林《金石文字記》中首稱重之，至錢竹汀氏(三)及其從子同人，推許甚至。而同人爲辨其源流，疏通證明，尤得竅要。蓋唐人溺於詩賦，不重六書，古人器物、碑碣、銘識之屬，純不留意。吾鄉秦望石上李斯刻石，據《梁書·范雲傳》言：『齊建言初，竟陵王子良爲會稽太守，會遊秦望，視刻石文，時莫能識，雲獨誦之。』是秦碑齊梁時固無恙。又北魏孝文弔比干墓文，後有宋人吴處厚跋，言『會稽齊唐言：「兒時嘗登秦望山，見李斯碑猶存。既仕官四方，至老而歸，則碑已亡矣。」』按齊尚書爲大曆以後人，是秦碑亡於中唐時可知。當日風氣，全不知有篆隸之學，雖古物如相斯字跡，亦任其毁棄，無人過問者。宜其見碧落此文，群然駭怪，又造爲道士白鴿之異，以神其説也。乃趙明誠既輕視之，而郭宗昌詆之尤力。宗昌何人，亦蜉蝣之妄撼矣。

㈠本篇輯録歐陽修、趙明誠、董逌、李東陽、趙崡、顧炎武、汪由敦、李慈銘諸家評述。參閲《欽定四庫全書·金石文考略》卷九、《山西通志·卷九一·金石記三》。

㈡《金石文字記》，顧炎武著。顧炎武，號亭林。明末諸生，入清不仕，周遊四方，卜居華陰，卒於山西曲沃。篤志六經，精研考證，開清代樸學之風。著《日知録》《亭林詩文集》等數十種。

㈢《集古録》，歐陽修著。歐陽修，字永叔。北宋慶曆初以進士入朝，後出知滁州、揚州、潁州，還爲翰林學士，嘉祐間拜參知政事。博極群書，以文章冠天下。

㈣《洛中紀異》，宋代小説，秦再思撰。

㈤《廣川書跋》，董逌著。董逌，字彦遠，號廣川。北宋靖康末在官。著《廣川藏書志》《廣川詩故》。

㈥樊宗師，唐河中（今山西永濟）人。曾任諫議大夫。力學多通，韓愈賞薦其才。長慶三年（八二三年）撰《絳守居園池記》。段成式著《酉陽雜俎》，云『樊宗師作誌，令陳惟玉立太行山上』，乃小説家言。然『立太行山上』一語則與澤州磨崖碑事合。

㈦《金石録》，趙明誠著。北宋末，趙明誠歷官知湖州軍州事，以所藏三代彝器，及漢唐以來石刻，撰成《金石録》三十卷。南宋紹興中，其妻李清照表上之。

㈧《石墨鐫華》，趙崡著，趙崡，字子函。明代萬曆舉人。本文所言李讙，爲唐宗室，此説出自南宋人龔開。參閲后文有宋濂云：『翠巖龔聖予，則又以爲宗室謹，或别有所考耶。』龔開，淮陰人，字聖予，號翠巖，尤工詩文及古隸。

㈨《懷麓堂集》，李東陽著。李東陽，號西涯，明代天順進士，官至文淵閣大學士。爲文曲雅流麗，工篆隸書。本文言及明代書畫家陳明之（陳大章）所藏《碧落碑》拓本，有吾子行（吾邱衍）補字，並有周伯琦、楊宗道、宋潛溪題跋。周伯琦，元代書法家，曾爲翰林修撰，博學工文章，尤以篆、隸、真、草，擅名當時。楊宗道，即楊遵，元代篆隸書家，有《集古印譜》。宋潛溪，即宋濂。

㈩《松泉文集》，汪由敦著。汪由敦，清代書法家。安徽休寧人，雍正二年（一七二四年）進士，官至吏部尚書協辦大學士。其文所言《五總志》，爲南宋人吴炯著。可知學界自宋代已知澤州碑與絳碑『文雖不同，皆名碧落』，而松泉仍不明澤州碑立之在前，誤以爲『傳刻者』。然此文後段述及《碧落碑》之書法，贊云『超出相斯（李斯小篆）之窠臼，筆法亦自深穩』，此論頗有見地。

㈡《越縵堂讀書記》，李慈銘著。李慈銘，號蒪客。會稽（今紹興）人。清光緒進士，官至山西道監察御史。詩文負盛名，著書甚富。此則筆記，記於光緒己丑（一八八九年）三月初七日。

㈢錢竹汀，即清代金石學家、書法家錢大昕。嘉定（今上海）人。乾隆十九年（一七五四年）進士，官至少詹事。經史百家，無所不通，精於考證，著述等身。所著《潛研堂金石文跋尾》論及《碧落碑》。

《碧落碑》評述文摘之二㈠

碧落碑㈡

石刻在州儀門内。碑陰，刻唐鄭承規釋文。遭宋元兵燹，缺裂。訛謬有後人新刻一碑，僅存形似。郡人陶滋亦有釋文，未及刻本。

明仁孝皇后㈢勸善書：

絳州碧落觀，有天尊石像，高丈餘。於龍朔中，刺史李諶，爲母氏大妃追薦所造也。上有文。未刻字前，有二道士來，爲使君篆刻其文。云：『我二人天下名篆也，約殿内四面封閉，不得人窺，祇我二人在中，候三日即畢。』使君從之。二道士挈一布囊入，自闔其門。至三日開之，祇見白鴿一雙，自門飛出。及觀，篆文已畢。餘一『及』字，但有一畫不成而去。使君神之。

宋濂㊃：

絳州碧落碑。高宗咸亨元年，庚午歲，韓王元嘉之子訓等，爲其妣房氏，造碧落天尊像於龍興宮，而刻其文於背，故以名碑。不知何人書。據李璿之《玉京宮記》，以爲陳惟玉。李漢《黄公記》，以爲李訓之弟譔，殆莫能定。而翠巖龔聖予，則又以爲宗室讙，其或別有所考耶。吴叡、張天雨，讀⊙⊙爲『喧』、爲『曜』者，非當，以釋爲『鄰』字爲是。俞希魯辨『叨』作『叩』，亦大佳，而釋文則又訛矣。蓋此碑雜出於鐘鼎、篆籀諸文，其亦戛戛乎難知哉。從『水』從『人』，《說文》中音『乃歷反』，『弱』則音『奴弔反』，釋文今借『休』爲『弱』，亦恐非本字之義，而其它疑者甚衆。考《禮》之冗，未暇及之，姑識其後，俟博雅君子正焉。㊄

王世貞[六]：

絳州碧落碑。篆書在石像背，州將以不便摹拓，別刻置廟中，今本乃別石耳。李璿之輩以爲陳惟玉、李譔、李讙書，不可辨。按《洛中紀異》，諶爲母房妃追薦，造像成，忽二道士來云：『君刻石須篆書乎？我天下能篆者。』李異之，聽所爲。則扃户三日乃開，化二白鴿飛去，篆文宛然像背矣。此涉誕妄，不可信。然李陽冰覽之七日而不忍去，習之十二年而不得其妙。如此，豈惟玉、譔、讙小子所辨乎？字書雜出頡、籀、鐘鼎款識，以故與斯體小異。即識之，以俟知者。

吾丘衍[七]：

字體雖多，亦有不合法處。然布置美茂，自有神氣。當以唐碑觀之。世傳陽冰卧看三日，毀其佳者數字。又言道士爲畢，化鳥飛去。後『及』字欠一筆，尤爲可笑，不知古文正當如此耳。

西墅記譚㈧：

絳有碑，篆千餘字。李陽冰愛之。其中有『碧落』二字，因謂之碧落碑。後有識者云，有唐五十三祀，龍集敦牂，哀子李訓等，爲母造道門尊像。

㈠本篇轉録自《直隸絳州志·卷之十九·藝文》。

㈡此爲《直隸絳州志》關於《碧落碑》之簡介。陶滋，絳州人，明正德甲戌進士，官至刑部郎中，轉兵部武選，謫戍榆林歿。所釋碑文，載於該志，辨字有誤。『事高嬪則』之『高』作『享』；『昊天不惠』之『惠』作『耑』；『翠雲之美』之『美』作『岡』；『餘魂弱喘』之『弱』作『溺』。

㈢明成祖仁孝皇后，徐氏，曾類編古人嘉言善行，作《勸善書》，頒行天下。所言『天尊石像於龍朔中，刺史李諶爲母氏大妃追薦所造』，以訛傳訛。房妃死年爲咸亨元年（六七〇年），龍朔中（六六二年）在其前，時間大謬，斷不可取。

㈣宋濂，明朝初年除江南儒學提舉，累轉翰林學士承旨。博極群書，孜孜聖學。有《宋學士全集》。此文亦見《四庫全書·金石文考略》，署宋鑾坡。

㊄此文中之吴叡，元代書法篆刻家，吾丘衍弟子；張天雨，即張雨，元代書畫家，博聞多識。然二人辨《碧落碑》字則皆誤。又云俞希魯辨『叨』爲『叩』大佳，俞亦元代學者，撰《至順鎮江志》。

㊅王世貞，字元美，號弇州山人。明嘉靖進士，官至刑部尚書。好爲詩文，著《弇山堂別集》等。

㊆吾丘衍，又作吾衍元，字子行。元代學者。嗜古學，通經史百家言，不求榮進，隱居教授。著《周秦刻石釋音》等。

㊇潘遠著《西墅紀譚》，又名《紀聞譚》。《白孔六帖·辨碧落碑》即轉録自此書。潘遠，五代西蜀人，生平不詳。元陶宗儀《説郛》收録其著一卷。

《碧落碑》評述文摘之三㊀

高似孫《緯略·卷十·碧落碑》㊁

絳有碑，篆千餘字。李陽冰愛之。其中有碧落二字，謂之《碧落碑》。後有識者云，有唐五十三祀，龍集敦牂，孝子李訓等爲母造道門尊像。（唐潘遠《紀聞譚》）其一曰，絳州碧落觀，龍朔中，刺史李諶爲母太妃追薦所造，神人所篆。（《洛中紀異》）沈羲飛昇，有白鹿青龍車，羽衣持節以青玉界丹版，拜羲爲碧落侍郎。碧落，天也。（《列仙傳》）

《太平廣記·卷第二百八·書三》㊂

李陽冰善小篆，自言『斯翁之後，且至小生，曹喜、蔡邕不足言』。開元中，張懷瓘撰《書斷》，陽冰、張旭並不載。絳州有篆字與古不同，頗爲怪異。李陽冰見之，寢卧其下，數日不能去。驗其書是唐初，不載書者名姓。碑有碧落二字，時人謂之《碧落碑》。（出《國史補》）

陶宗儀《書史會要·卷一》㈣

陳惟玉，工篆書。嘗書《碧落碑》，字法奇古，行筆詣絶，不類世傳篆學。而惟玉於本朝無書名於世，不應一碑便能奄有秦漢遺文，徑到古人絶處。此後世所以疑也。李陽冰於書未嘗許人，至愛其書，寢卧其下，數日不能去。世人論書不逮陽冰，則未必知其妙處，論者固應不同。其碑云『有唐五十三禩，龍集敦牂』，《爾雅》歲在午，爲敦牂。以唐曆考之，自武德戊寅受命，至咸亨元年庚午，實五十三年。則惟玉乃高宗朝人，或云荆州人。

祝允明《前聞記·碧落碑》㈤

《碧落碑》，凡數書載之，咸以爲不得事實。吾丘衍《學古編》曰：按碑云『有唐五十三祀，龍集敦牂』。自高祖武德元年戊寅，至高宗咸亨元年庚午，爲五十三年。敦牂，午也。自庚午至懿宗咸通十一年庚寅，計二百一年。舊云韓王元嘉之子訓，爲母房氏立此碑。元嘉乃高祖子，然則碑刻於咸亨元年庚午，而釋文刻於二百年後乎？世傳李陽冰卧看三日，陽冰與李、杜同時人，若是，則此碑已久矣。又云道士書畢，化鶴飛去，比之寓言可也。但不知鄭承規奉何人之命而書釋文耳，豈李訓時不果立，而後子孫始克立之歟？鄭承規『奉命書』之一言爲可疑，豈即其人之篆歟？蓋此篆多奇，恐人不解，故並釋之耳。

宋吴炯所著《五總志》，載其事云：『唐韓王元嘉守絳、澤二州，其子黄公爲妣妃薦嚴，作文立石，以表孝誠。文雖不同，而俱名曰碧落。在絳州者，立於天尊之背。在澤州者，立於佛龕之西。絳之道館，有開元中所立石志，謂荆人陳惟玉書。』然則碧落豈亦惟玉之筆歟？石志今不見，不知文與書如何也。雖澤碑亦不知爲何人書，然可以見與絳碑同時併建，定非咸通所補立也。先公仕晋時，搨得此碑甚多，石在絳州，而澤無有矣。近胡憲副謐修志載其目，乃注云『李譔書』，當或有所據。抑誤以爲李訓書，而又誤訓爲譔耶？

吴寬《家藏集·卷五十二·跋碧落碑》㊅

趙明誠《金石録》，舊説謂李陽冰酷愛此碑，自恨不如，椎擊之而缺，以其言爲不然，極是。蓋因碑有缺處，故流俗附阿之如此。今吾子行所補，豈正缺處耶？此碑有别本，見《廣川書跋》，此本精妙爲初刻無疑。刑部主事陳明之好古帖，得此示予。予於古文奇字不能識，況此多變體，非借其旁釋文讀之，幾不成句也。

郎瑛《七修類稿·卷二十·碧落碑》㊆

絳州興龍宫有碧落石像，背刻其篆文，世傳爲《碧落碑》也。其篆，李璿之以爲陳惟玉書，李漢以爲黄公譔書。《五總志》以爲一在澤州，立於佛龕之西，黄公譔爲妣立石以表孝，此或非也，何後世不傳而諸書不言耶？抑亦爲孝子事耶？或爲黄公詑也。《洛中紀異》乃云：『文成，有二道士來，請刻之，閉户三日，不聞人聲，人怪而破户，惟見二白鴿飛去，篆刻宛然。』今世未知其詳。但云道士寫畢，化鶴而去，又曰李陽冰卧看三日，毁其佳者數字，噫，此後世見其字之美懋而神其説者歟！按歐陽

《集古録》，亦以此説尤怪，不足爲信，又無毁字之言，意碑字必損於歐陽之後。故後於歐陽者，又增李陽冰之事也，況陽冰豈忌善者哉！就使誠有道士，孰肯不知其名而使之刻耶？又且有化鳥之妄。元吾子行《學古編》已辯爲陽冰之書，蓋唐人能篆者，無出陽冰之右。子行又曰：『字雖多有不合法處，而自有神氣。』今讀其字，果於難識。昨獲楷書者一通，乃咸通十一年七月十一日鄭承規所立，豈非亦因其字之難辨而復書耶？今附録於左，以俟好古者得有以考焉。（以下鄭承規釋文，略）

方以智《通雅·卷十一·釋天》㈧

又考《碧落碑》，曰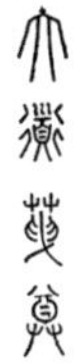，釋爲『大道天尊』。咸通十一年庚寅七月朔，鄭承規奉命釋文。吾鄉徐守和，賞鑒好古士也，藏此本。豈非因本碑後有，釋爲『昊天不惠』，則前之字非『天』可知矣。永叔以爲總章三歲，李漢（以）爲黄公李譔。朱晨考依《金石録》載：唐龍興宮《碧落碑》，咸亨元年陳惟玉書。永叔云，據李璿之言也。以内有碧落字，故曰《碧落碑》。今碑中，釋爲『伏願棲禎碧落』，亦與《碧落》文異。唐潘遠言，《碧落碑》有二本。廣川有

別本《碧落碑》。宋吴烱曰，絳州《碧落碑》篆在石像背，澤州立佛龕西，韓王剌二州也。或以爲陳惟玉、李湛、李璀書，不可辨。其字雜出奇怪。守和言，絳州（碑）殘缺不堪。今所傳者豈非更刻者耶？《金石韻府》亦載《碧落》文，「天」篆作[illegible]，益知近本之非舊矣。又考《宰辟父敦銘》，有[illegible]字釋爲「鋈革」，此一證也，姑且勿論。即以《碧落》之「[illegible]」爲「天」，則亦不過唐人之好奇者拓拾耳。李陽冰但愛其筆勢，豈重其六書合古哉。

孫承澤《庚子銷夏記·卷七·絳州碧落碑》⑨

碧落，觀名也。開元間改爲龍興寺。其碑舊傳爲陳惟玉書。《洛中紀異》録稱二道士書，化白鴿飛去，妄也。舊刻天尊像背，州將摹刻此碑。昔李陽冰觀之七日而不忍去，學之十二年而不成，必有獨得其妙者矣。後人輕毁之可乎？旁注釋文，乃鄭承規書，方整可存。

六月二十日晨起，凉生几簟。復展《碧落碑》細看，中有絶佳之字，不讓古篆，有絶不佳之字，卑俗可笑者。昔歐陽公《集古録》，有割去惡字而存佳者，如《智永千文》去二百餘字是也。此碑當存數十字另裝之。

劉熙載《藝概·卷五·書概》㈠

唐碑少大篆，賴《碧落碑》以補其闕。然凡書之所以傳者，必以筆法之奇，不以託體之古也。李肇《國史補》言，李陽冰見此碑，寢卧其下，數日不能去。論者以爲陽冰篆筆過於此碑，不應傾服至此，則亦不然。蓋人無陽冰之學，焉知其所以傾服也。即其書不及陽冰，然右軍書師王廙，及其成也，過廙甚遠。青出於藍，事固多有。謂陽冰必蔑視此碑，夫豈所以爲陽冰哉！至書者或爲陳惟玉，或爲李譔，前人已不能定矣。

胡聘之《山右石刻叢編·卷九·碧落碑》㈡

按　碑末題：『咸通十一年七月辛酉鄭承規奉命書。』《金石萃編》云：自咸亨元年造像刻記，至咸通十一年釋文刻石，相去二百一年，不知何以忽有此釋文之刻？據《元嘉傳》稱，神龍初復爵土，以第五子訥嗣，傳至孫煒，建中中改王鄆。後懿宗以鄆王即位，復改嗣韓王。懿宗建號咸通，此碑殆以韓王復嗣，而追崇其先祖，及於遺碑，因加以釋文也。

㈠本輯增録金石學者數家評述，爲《山西通志》《直隸絳州志》中未見者，摘自各種舊帙，以供參考。關於《碧落碑》的著録與題跋甚多，凡複述前人所論，而無新意者，本書不再複録。

㈡高似孫，北宋淳熙進士，歷官校書郎，處州太守，著有《踈寮小集》《緯略》等。其文引《列仙傳》故事，以釋「碧落」詞意，傳説南齊時之沈羲，能用符藥治病，活人有功，上帝授玉簡，爲碧落侍郎，後人曾建道觀，塑像奉之。

㈢《太平廣記》，北宋太平興國年間，李昉等編，採集漢至五代的小説家言。文中言及張懷讙，爲唐開元翰林院供奉，撰《書斷》，輯録書體及書法名家。

㈣陶宗儀，元末明初學者，浙江黄巖人。古學無所不窺，工詩文，家貧，教授自給，著作甚富。除《書史會要》載陳惟玉外，其《説郛》亦有《碧落碑》之記述。

㈤祝允明，自號枝山，長洲（今蘇州）人。明弘治年中舉，官應天府通判，未幾致仕。爲文有奇氣，尤工書法。撰《前聞記》，述及《碧落碑》。其文前段，有引吾丘衍《學古編》語。鄭承規咸通釋文，與唐懿宗有關，懿宗是韓王李元嘉之直系後裔。故『奉命書』一語並不費解。更無須有疑碑爲『後子孫始克立之』。可知前代學術信息不甚暢通，以至有此疑問。其文後段，標『允明按』，言及二事極有價值。一者，其先公祝顥，拓《碧落碑》甚多，可知當時絳碑尚完好。祝顥，明正統進士，出任山西布政司參議，進階左參政，政績卓著，尤其重視文教，廣選俊秀生徒，躬親教授，居參政七年，上疏請歸。二者，胡謐修《山西通志》，《碧落碑》目下注云『李譔書』。胡謐，浙江會稽（今紹興）人，明成化中以進士累官按察司副使，提督山西學政，轉本省參政，擔當山西第一部通志編纂，即《成化山西通志》，亦稱《胡志》。胡謐博覽群書，嗜好學問，又歷晋年久，以《通志》明注《碧落碑》爲李譔書，當有深考。

㈥吴寬，明代書法家，長洲（今蘇州）人，人稱匏菴先生。

㈦郎瑛，浙江仁和（今杭州）人，生有異質，博綜藝文，肆意探討，明代嘉靖年名世。《七修類稿》爲史料筆記。所述《碧落碑》文中，疑澤州碑之言『非也』『或爲黄公訛』，可見明人大多對於澤州磨崖碑一無所知，其論述必有局限。然而，述及白鴿飛去和陽冰毁字的故事時，感嘆道：這是後人見碑字美懋，因而傳爲神奇佳話了啊！這是本文很值得注意的一句，《碧落碑》的書法以『美懋』二字品鑒，可謂精當。

㈧方以智，即弘智。明崇禎進士，後受戒爲僧。詩文詞曲皆精妙，有《通雅》等著述。其辨《碧落碑》

『天』字之説，一家之言，録之備考。

⑨孫承澤，明崇禎進士，入清仕至吏部左侍郎。收藏甚富，精於書畫鑒别。

⑩劉熙載，江蘇興化人，清道光進士，官至廣東提學使。晚年主講上海龍門書院。《藝概》一書，系其歷年論藝鈔。

⑪胡聘之，湖北天門人，清同治進士。自光緒十七年（一八九一年）至二十五年（一八九九年），任山西布政使、護理山西巡撫、山西巡撫，在晋八年餘，卓有治績。

石佛谷㈠　　皇甫曙㈡

漫漫太行北，千里一塊石。平腹有壑谷，深廣數百尺。土僧何爲者？老蒼毛髪白。寢處容身龕，足膝隱成跡。金仙琢靈像，相好倚北壁。花座五雲扶，玉毫六虚射㈢。文人留紀述，時事可辨析。鳥趾巧均分，龍骸極癯瘠㈣。枯松闘槎枒㈤，猛獸恣騰擲。蛣蜛㈥蟲食蹤，懸垂露凝滴。精藝貫古今，窮巖誰愛惜。托師禪誦餘，勿使塵埃積。

㈠石佛谷，與後來之碧落寺同址。《鳳臺縣志·卷之十三·藝文·彌勒像石壁記（闕名）》云：『維大魏孝昌二年，歲次景午，二月朔十八日，□元素□男阿難妻□男山僧等比問良師，與父母宜所眷念，乞石佛像始得長壽。山僧等前身薄福，今日以後望得長命，更莫遣鬼神相侵，長即仰金剛密□護持山僧長命，保元年百歲。右文義，係爲子祈福語，題壁在碧落寺彌勒像後。旁有唐武后萬歲通天年紀，與此相類，天地日月等字皆尊后制。歐陽子《集古録》以爲韓王元嘉子李譔爲母房太妃祈福所作，而北魏乃先有此記。考《北魏書》，和平初曇曜曾請鑿石爲窟，雕佛像五處，一時郡縣效尤。據此，彌勒像自北魏已有之，不始於韓王元嘉，或元嘉重加修葺，磨崖爲碑歟。』

㈡皇甫曙，中唐詩人。元和十一年（八一六年）登第，寶曆年間任淮南署行軍司馬。後授澤州刺史。與白居易友善，往返唱和，一時稱之。

㈢玉毫，佛眉間白毫，佛教謂其巨大神力所在，亦泛指佛像。六虚，上下四方。『金仙』至此四句，描寫石壁上雕刻的彌勒佛像之彩麗壯觀。

㈣鳥趾、龍骸，此處用以比喻石刻篆字的神奇，如鳥的足趾，如龍的遺骨。均分，指筆畫勻稱。癯瘠，指筆力瘦勁。

㈤槎枿，音查孽，本意指砍伐幼林。詩中形容書法的蒼勁雄渾，筆畫好像利刀削砍過的松柏老枝。其下句以猛虎騰躍，形容運筆奔放恣縱。

㈥蛣蜛，音介據，指木中蛀蟲。詩中形容書法的墨痕自然古奥。其下句以露滴形容書法縱筆的圓潤有力。

碧落寺

李俊民㈠

浮雲聳蒼翠，長夏愜幽事。相陪林下友，共造金碧地。清漱寒流玉，老樹翳炎熾。何人開山祖？妙處發天秘。悠悠歲月深，剥落磨崖字。遨遊興不淺，有酒留客醉。幽鳥背人飛，不慣聞鼓吹。抵暮出山門，溪風送歸騎。

㈠李俊民，金元間澤州人。得程氏之學。金章宗承安年間中狀元。棄官教授於鄉里，後隱居西山。著《莊靖集》。

碧落寺松

張養蒙㈠

誰種萬株松？森森寺外峰。眠雲青靄亂，度月翠陰濃。曲蓋凌煙起，盤根帶石封。風迴清響合，雨過碧煙重。幹古先朝植，花香净土供。冰霜原有操，桃李豈爲容。坐息菩提樹，三生此地逢。

㊀張養蒙，澤州人。明萬曆丁丑進士。少負才名，在朝慷慨好建言。官至户部右侍郎。

憩碧落寺

孟顔㊀

灑灑清風禪境净，幽人乘興復相過。螺岡斜日清輝滿，蚪澗流光翠色多。逕草含霜猶自緑，山童娱景任長歌。年華逝水相流轉，肯向塵中散委和。

㊀孟顔，澤州人。明嘉靖戊戌進士，官至四川布政參議。擅作詩文，著《孟亭恒隱集》。

碧落寺

孟霦㊀

青山日暮散虚嵐，秉燭開樽更盍簪。寂寂禪房清夜久，棋聲應過畫橋南。

㊀孟霦，澤州人。明嘉靖己丑進士，任陝西督糧道。優遊文翰，蕭然世外。其真草書，人爲寶墨。著《詩紀集》。

重遊碧落寺二首　陳廷敬㊀

十里荒寒路，栖栖續舊遊。泉鳴松間冷，雲卧石堂秋。粉蝶山城古，香燈佛火幽。畫龍猶掉尾，飛去殿西頭。

碧落天邊寺，青山有夢尋。逕迷初地遠，人覺化城深。猿鶴三秋意，鐘魚一夕心。到來想陳跡，黄葉滿前林。

㊀陳廷敬，澤州人。清順治進士。康熙年間擢文淵閣大學士，兼吏部尚書。生平好學，與王士禛以詩唱和，皆能得其深處，而面目各不相假。卒謚文貞。著《午亭文編》等。

遊碧落寺　　朱樟㊀

雲卧山門隔幾重，半天吹落碧芙蓉。五龕各供低眉佛，三鬣親摩露頂松㊁。鳥未啼時秋寂寂，水分流處石淙淙。頻敲晚磬新齋散，掃壁何由看畫龍。㊂

㊀朱樟，浙江錢塘人。舉人。清雍正十二年（一七三四年）任澤州知府，爲《澤州府志》纂修。

㊁五龕供佛，可見清初碧落寺之規模。鬣，音界，三鬣指三針松，俗稱孔雀松。

㊂作者自注：畫龍，猶『掉尾飛去殿西頭』，陳相國文貞遊寺詩落句，今畫壁已廢。

重過碧落寺訪韓太尉子譔磨崖碑不得因題寺壁　　朱樟

來窮碧落訪松雲，玉筯碑從絳郡分。空羨王孫能遇妣，徒令仙客想書裙㊀。銹龕已蝕重摹字，楮本難尋舊拓本㊁。安得眉山歸畫版，佛前長斫女香薰㊂。

㈠王孫，指刻碑人李譔（唐高祖孫）。妣，指房太妃。仙客，指與作者同遊人。書裙，作書於裙，有典故而用指友好過訪。蘇軾《會客有美堂》有云：『載酒無人過子雲，掩關晝卧客書裙。』頷聯下作者自注：母房太妃爲房相玄齡女，伊子勒碑爲母祝釐。同遊者以不得見碑，爲悵累日。

㈡作者自注：碑毀於火。明萬曆時，居民尚有紙本存者。

㈢眉山，指蘇軾。此聯承上『想書裙』句，大意謂：若是能有蘇東坡來作畫，把房太妃像重新雕刻出來，便能經常爲她來敬香了。

碧落寺

朱曉㈠

五門山迴勢崔嵬，碧落雲移梵宇開。一帶寒松迎寺立，半天清響挾風來。磨崖無處尋遺跡，綉像當年剩劫灰。重念黄公釐祝地，令人深愧謁香臺。

㈠朱曉，清乾隆時人，生平不詳。此詩載《澤州府志·卷四八·詩》。詩人遊碧落寺，懷念黄公李譔爲母妃刻碑事，見碑像已不存，感傷而作。

書彌勒寺磨崖壁後

姚學瑛㊀

環城周圍山作障，十里五門若拱向。中有碧落稱名部，攬轡走馬陟其上。老僧指説古石龕，丈六金身佛無量。磨崖久成無字碑，風雨泐殘龍蛇狀。旁有小篆八分書，僅存厥名姓已忘。幽洞深處秉燭遊，拂拭遺碣誠曉亮。其一北魏孝昌年，歲在景午詞不妄。其一萬歲通天時，奇字全依后所剏。吾謂此寺先北朝，開山不自唐代創。和平初有曇曜僧，鑿空雕作莊嚴相。或者韓王踵遺蹤，再爲式廓增麗壯㊁。房妃祈福黄公書，鐘鼎蝌蚪紛盤蕩。羲叟搜羅若未周，歐陽遺文缺採訪。郡齋空傳敏求文，二本至今全佚放。君不見嶧山野火薦福雷，古來神物多淪喪。㊂

㊀姚學瑛，山東鉅野人。清代貢生。乾隆四十五年（一七八〇年）以貴州貴陽道，移任澤州知府。

㊁此詩記述作者在碧落寺所見：磨崖碑因前代毁於火，加之風雨剥蝕，已經成了無字碑。而在其旁邊有幾個小篆字，作者姓氏亦已剥落，應似金元人所作。又看石龕裏面的刻字，款記一爲北魏孝昌年，一爲武則天萬歲通天年，後者的奇字是武后所創。由此判斷，碧落寺並非創始於唐朝，而是在

南北朝時期已經有了佛龕，自北魏和平年間僧曇曜首先開鑿石窟，各地已開始仿效。唐代韓王元嘉，是在原有基礎上加以增修，而使石佛寺變得壯麗可觀。

㊂詩的最後一段，説到黄公李譔刻磨崖碑，用了鐘鼎古字，澤州名儒劉羲叟不能通識，歐陽修對此碑記載也欠詳實。羲叟攜拓片往京城作了釋文，由宋敏求書寫，將釋文刻碑立於府衙内，結果卻是原碑和釋文『二本』都已經亡佚不存。於是聯想到秦代李斯的《嶧山碑》，自古以來的寶物大都逃不脱淪亡的命運。

碧落寺

李錫齡㊀

前歲攜客來，雪壓滿陂松。今仍結伴游，松吼一山風。禮佛上層臺，青影摩高空。是間僧頗俗，周旋苦足恭。脱然謝之去，陟彼松間峰。坦腹仰天卧，雲際吟蒼龍。

㊀李錫齡，號鐵船，澤州人。清乾隆末年舉人，肄業晋陽書院。卓犖不隨俗，肆力於詩詞古文。著《鶴棲堂詩集》，又輯《山右詩存》若干卷梓行。

山西學者解開《碧落碑》千年之謎㈠

周同馨　孫蕊

【提示】山西有兩通在書法界、金石界頗負盛名的唐碑：一是唐太宗李世民撰文並書寫的《晋祠銘》碑，現存太原晋祠。一是以文字奇詭、篆書古雅聞名於世的《碧落碑》，現存新絳縣博物館。兩碑雖爲歷代書法愛好者所推崇，但命運迥異，《晋祠銘》碑的名聲遠在《碧落碑》之上。究其原因，或可追溯到《碧落碑》失落在時間長河裏的『出生的秘密』，因爲那些往事被歲月荒草埋没，而致使碑文的歷史文化價值大打折扣，如明月雲遮，珠玉塵蒙。幸好，今已七十五歲的我省著名學者、作家寓真先生，在欣賞《碧落碑》拓片時有了意外發現，並以追根究底的治學精神、深厚的文字學功底和對山右文化的熱愛之心，孜孜以求之。他精研拓片，搜求資料，斟酌綜理，釐清了《碧落碑》的來歷和變遷，撥開了籠罩這一名碑的千年迷雲。著名作家韓石山先生認爲：『寓真先生有關《碧落碑》的研究成果，對山西地方歷史文化來説，是一個重大貢獻；對山西文史工作者來説，具有很大的啓迪作用。』日前，記者在太原採訪了寓真先生。

此碑來歷係千年謎題

新絳縣博物館所藏《碧落碑》始立於唐代，傳世千年，愛慕者衆，研究者也不少，但大多偏重品鑒、研究其書法，至今世人祇知道該碑是李元嘉（唐高祖李淵第十一子）的四個兒子，爲逝世的母親房妃祈福所立，卻没人能説清楚該碑究竟立於何年，經歷了怎樣的變遷，立碑的動機又是什麽。

宋代歐陽修著《集古録》，是我國最早的金石學著作。其中記載説：『碧落碑在絳州龍興宫，宫有碧落尊像，篆文刻其背，故世傳爲碧落碑。』『碑文言「有唐五十三祀，龍集敦牂」，乃高宗總章三年，歲在庚午也。又云哀子訓、誼、譔、諶，爲妣妃造石像。』

歐陽修之後，趙明誠與李清照撰考古名著《金石録》，除絳州《碧落碑》外，並載有『司馬山彌勒石像碑』，曰『永淳二年，篆書，舊在澤州府』，僅寥寥十數字。後人考其所記彌勒石像碑，即是澤州的《碧落碑》。金明昌五年（一一九四年），澤州刺史許安仁撰有《碧落寺磨崖碑記》，寫道：『唐高宗永淳二年，太尉韓王諸子訓、誼、譔、諶爲妣妃祈福，因石壁刻彌勒像，磨崖碑其事於側。』

郭宗昌、顧炎武、錢大昕、李慈銘等大家，都曾爲絳碑留題筆墨，卻都出自評價其書法的角度。

寓真先生平日對於收藏、書法以及歷史文化頗痴迷，又曾於古玩市場上購得《碧落碑》拓片，所以多年來曾就歷代學者對於此碑的研究做過一些梳理。他説，古人囿於信息缺乏，今人或無探軼興味，才使《碧落碑》來歷之謎千年未解。他認爲：『歷代金石學家受歷史條件局限，大都是單獨研究絳碑，很多人不知道澤碑的存在，而知道的又没有將澤碑和絳碑的歷史背景聯繫起來細緻研究，以至於將碑文上的「有唐五十三祀」誤認爲是立碑時間。清光緒版《山西通志》關於《碧落碑》的記載，便陷於這種謬誤。』

發現《碧落碑》的時間謬誤

去年十月間，寓真先生再次賞讀拓片文字，看到第一句『有唐五十三祀』時，産生了一個疑問：如果這個時間真如前人所説是立碑時間，那麼李元嘉父子當時就在絳州始爲合理。思及此處，即找出《唐書》等古籍，仔細查找有關資料，即使是隻言片語的記載。

李元嘉曾經在澤州、絳州兩處任職，但在絳時間並不是『有唐五十三年』（六七〇年）。他十五歲授潞州刺史，貞觀十年（六三六年）封韓王，升潞州都督。《唐書》云：『高宗末，元嘉轉澤州刺史。』據金代澤州刺史許安仁《碧落寺磨崖碑記》可知，元嘉父子在澤州（今晉城）造像刻碑，正是在『高宗末』，即永淳二年（六八三年）。這年十二月高宗薨，中宗在位僅三個月就被廢黜，武則天開始臨朝稱制。元嘉是中宗的長輩，在李氏諸王中資望最高，武則天進授元嘉爲太尉，想安撫他，但不久又將他調往絳州（今運城新絳）。顯然由於元嘉在潞、澤一帶時間過長，武則天放心不下，調換地方，以便控制。元嘉這時也看清了武則天的居心，表面上尊崇宗室，實際將要誅殺諸王中不附己者。因此，元嘉與其子李譔預謀糾合宗室起兵。他以中宗名義下詔說：『太后必盡誅諸王，不如先起事，不然，李氏無種矣！』垂拱四年（六八八年）秋，越王李貞與子李沖率先發兵，其他各王倉促間兵未能到，結果失敗。元嘉回京師被逼自殺，其子李譔、李諶同時被處死。後來到了唐中宗李顯復位的神龍元年（七〇五年），才爲他們恢復名譽。

從史書確鑿的記載，及參閱古今學者研究的資料，寓真先生對《碧落碑》的刻碑時間有了清晰的脈胳。澤州碑明確記載爲永淳二年刻，絳州碑若是刻於有唐五十三年（咸亨元年），便早於澤碑十三年，而元嘉任職是先澤後絳，顯然矛盾。結論衹能是『有唐五十三年』爲房妃逝世的時間，其後十三年澤州磨崖碑立，再後絳州《碧落碑》立。

以時間謬誤爲引子，沿着史書的記載尋覓，寓真先生先後釐清了《碧落碑》的命名、變遷，探尋出一段初唐政治鬥争的故事。

寓真先生用精當的語言，爲記者概括出碧落兩碑的命名和變遷：澤州刻彌勒像，磨崖篆文，所在原屬司馬山，後名碧落山；絳州刻天尊像，像背篆文，所在先爲碧落觀，後改龍興寺。澤碑先刻，知名在後；絳碑後刻，聞世在先。若是從後溯前，碧落山因碧落寺而名，碧落寺因碧落碑而名，澤州碧落碑因絳碑之名而名，絳州碧落碑因舊有碧落觀而名。正是名碑兩刻，澤絳同輝。

至於元嘉父子兩度立碑有何深意，寓真先生指出，房妃隨同李元嘉居潞州多年，病逝於潞州，但元嘉父子並没有在潞州爲之立碑，爲何等到十多年後，才在澤、絳兩地祈福？通常人死葬畢，墓前並不一定當即竪碑，相隔多年之後才爲死者立碑建祠，這種情況並非罕見。《碧落碑》非是墓碑，而是供奉神像的祀福碑，立碑的時間與地址並無一定。就元嘉父子的皇室地位而言，凡事須合皇家禮儀，亦必關乎政局。房妃去世那些年，因唐高宗長期患病，武則天垂簾聽政，元嘉父子不能不時刻牽念朝政。澤州造彌勒像、刻磨崖碑之時，高宗已命在旦夕，到絳州造立天尊像碑更是在他們策劃反武則天起事之時。紀念前人，所關注的其實是後人的運遇。從兩度造像立碑的時機來看，顯然別有深意。元嘉父子作爲唐王貴胄，爲其帝業的興衰而焦慮。從《碧落碑》碑文中亦可窺見玄機，雖以祭祀房妃爲由，真實意思則是爲李唐王朝的祚命祀禱。

《碧落碑》文中寫道：『亘儀品以同焕，指乾坤而齊極。介兹多祉，藩度惟隆。如山作固，永播熊章之烈；循陔自勔，冀申烏鳥之志。』寓真先生説，這幾句話的大意是：樹立禮制儀規，使之光輝四照，天地上下有望達到中和的大道。有此鴻福大祉，家國必會興隆。國祚永固，穩如山嶽，以永葆雄師的英武；努力奉養，發揚光大，以表達報恩的誠意。解讀這段碑文，不難看出元嘉父子爲唐朝皇祚而祈禱的深層動機。

元嘉父子作爲李唐宗室，深懷家國之憂，祈望於唐朝江山的穩固。然而，佛道神仙與房妃在天之靈没有能够保佑他們，兩處像碑落成不久，即於垂拱四年九月，其父子一起斃命於武則天刀下。《舊唐書·則天皇后本紀》説：『自是，宗室諸王相繼誅死者，殆將盡矣。其子孫年幼者，咸配流嶺外。誅其親黨數百餘家。』

還原《碧落碑》歷史文化價值

寓真先生爲盡最大可能還原《碧落碑》的原意，他先將碑文六百三十個字一一摹寫出來，然後逐字尋找歷代金石家對該字的研究成果，反復比對，直到找到最貼切的釋文。然後利用自己多年研習文言文的功底進行文義釋讀。先生頗有感觸地説，越是研究深入，越是覺得此碑絶非凡品，越是覺得其歷史文化價值不菲。

關於文字方面。《碧落碑》雜用了倉頡、史籀、秦篆三個時期的古文字，假借、轉注甚多。宋代郭宗恕著《汗簡》，是至今爲學術界所推重的一部文字學專著，其中收録了《碧落碑》的古字。清初閔齊伋、畢弘述編撰的《六書通》，也把《碧落碑》作爲字源之一。從《汗簡》到《六書通》足以證明，《碧落碑》對於我國古文字的保存，具有着極其重要的文獻價值。

關於書法方面。以周鐘鼎、秦刻石爲標志的古雅篆書，漢魏以後已趨衰微。到了唐代，唐太宗嗜好王羲之，極譽《蘭亭序》，形成了法書風尚，行、楷、草名家迭出，而對於鐘鼎款識幾無人問津，李斯刻石也大抵毁於唐時。《碧落碑》在這種情況下出現，顯得卓然高大，具有獨特的書法藝術價值。

關於文學方面。《碧落碑》是典型的初唐駢文，行文華麗典雅。碑文中間一段寫道：『土木非可久之質，熔鑄爲誨盜之先。肅奉沖規，圖輝貞質。睟容伊穆，玄儀有煒。金真摛耀，凝金闕之易奔；琳華揚彩，若琳房之可覿。霓裳交映，欻駕斯留。帝宸飾翠雲之美，香童散朱陵之馥。』意思是：塑像如果用泥土或木料來做，不能耐久；如果用金銅來鑄，又會引誘人來盜竊。因而，遵從樸素的風範，造像用了貞石之質。『睟容伊穆，玄儀有煒』兩句，意謂太妃温和慈祥，天尊聖光焕發。『金闕』『琳房』指神仙的居所，『金真摛耀』『琳華揚彩』意即鋪陳華彩、金碧輝煌，『易奔』『可覿』則表示在仙宫中的自在和顯耀。『霓裳』是仙人的衣裝，『欻駕』是仙駕的輕車，一派飄拂輕柔之態。『帝宸』指帝王的宫苑，『朱陵』是道家的洞天，如翠雲飄繞，有芳香馥鬱。這一段話，文辭簡練，内容充滿浪漫色彩。如果用現在的通俗語言來寫，很難達到這樣的文學效果。

寓真先生説：『《碧落碑》不僅隱藏着一段政治鬥争的逸事，當以歷史文獻視之；而且文篆俱佳，不愧爲我省文化史上一枝奇葩。』

㈠文見《山西日報》二〇一七年三月十五日《文化周刊》。

金石偶談

金石偶談

小 引

清代金石家錢大昕說：『自宋以來，談金石刻者有兩家：或考稽史傳，證事跡之異同；或研討書法，辨源流之升降。』此學延進到晚清及民國初期，研究對象由鐘鼎彝器、碑碣石刻，擴展到甲骨、簡牘、印章、封泥、瓦當等。無論考稽史跡，還是研討書法，總之是以考識文字爲中心，一時出現了很多金石學者，這方面的文章幾乎被他們寫盡了。大概到羅振玉已集其大成，其餘後人或者祇是拾其牙慧了吧。

金石學發軔於宋，興昌於清，盛極而衰，至今已不成其單獨學科，匯合在考古學中了。清代人寫碑碣，到唐代而止，後來雖有著述延至宋元，仍不談明清，而我們現在接觸的卻多是明清的東西。清代學者感興趣的簡牘、印章，是指漢簡、漢印，而不是我們現在多見的明清人的書簡和篆刻。我這裏的十幾篇小文，如果說有涉金石，也祇是一個放大了的概念。嚴格地說，今人也許已經無緣來談金石了。

然而，時代總是要不斷延伸。明清的文墨，在清代學者眼中衹不過是近世之物，對我們今天來説便是古代遺芬。衹要是有關考識文字，由此或證史事，或辨書法，是不是明清的碑刻、柬札、印章等，也都可以作爲談金石的範疇呢？

我看書很雜，又多年逛古玩市場，手邊積了一些前人的文跡墨本，因而有一些研覽心得。未入師門，不假師訓，不過稍知門徑，偶談淺衷而已。

寓真记於二〇一九年二月

建寧元年九月辛酉碑

清末學者葉昌熾，曾任國史館總纂，是一位金石圖書收藏校勘專家，著有通論石刻的《語石》一書。據葉昌熾所論，蔡邕撰書的《郭有道碑》在北宋時就已經不見了，因而『山西無漢碑』。山西介休的《郭有道碑》，立於東漢建寧二年（一六九年），歷史上享有盛名，而宋代趙明誠的《金石録》中没有收録，由此而知此碑宋時已亡。《山西通志·金石記》所收録山右石刻中，列有漢碑十五通，衹是資料記述，並無實物可稽。清光緒年間，山西巡撫胡聘之編纂的《山右石刻叢編》，所録起自北魏，不録漢石，『山西無漢碑』遂成定論。

可喜的是一九七六年在臨猗發現了一通東漢的殘碑，所刻『建寧元年九月辛酉』爲立碑之時間，年、月、日都很清楚。東漢靈帝的建寧元年，即公元一六八年。現在習慣稱此碑爲『建寧殘碑』，但建寧元年的石刻别處也有，今後也可能還有發現，惟有『辛酉』這個日期是很難有重複的，因而，《建寧元年九月辛酉碑》應當簡稱爲《辛酉碑》。

此碑現存於臨猗縣文物館。碑面殘存四十餘字，爲漢隸體，語句不能連貫，碑文原意無法辨識。有稱出土於翟方進墓穴，恐是誤傳。

翟方進是東漢一位著名丞相，原葬汝南。其子翟義舉兵反抗王莽新朝，兵敗後，王莽大興懲罰。據《漢書》記述：『莽盡壞義第宅，汙池之。發父方進及先祖冢在汝南者，燒其棺柩，夷滅三族，誅及種嗣，至皆同坑，以棘五毒並葬之。』既夷滅三族，翟方進已没有直系後人，後來在臨猗重新爲翟氏修墓，或是同姓氏的後裔，但已經是唐朝穆宗年間的事，滄桑相隔八百年之遠了。《辛酉碑》與翟方進墓没有任何可以聯繫的蛛絲馬跡。

據瞭解，一九七六年冬季，山西普遍開展農田建設，擴大集體耕種面積，農民在挖土整地中偶爾發現這一殘碑。農民挖出殘碑後，在那些忽視文化的年代，大概無人看重，荒棄了十年有餘。直到一九八七年，董壽平先生看到拓片，寫了跋語，隨後才進入館藏。今有好演繹者，將殘碑的來歷説成是『考古發掘，出土於翟相墓穴』，罔顧事實罷了。

《辛酉碑》雖是偶爾發現，而山西河東一帶歷史文化粲輝甚遠，有漢墓遺存並非偶然現象。漢代的樹墓刻石之風非常盛行，完全不必要去追尋殘碑與什麼顯爵名宦的關係。

一九八七年初夏，時任山西省委宣傳部部長劉舒俠，攜殘碑拓片赴京。當時董壽平先生將要出訪日本，臨行觀識，寫了如下跋語：

此建寧殘石，雖寥寥數十字，其用筆、結構、使轉波磔處，均體現出東漢末朝我國書法向晋代過渡的痕跡，與西晋三體石經極爲相近。按我國書法，唯獨這一時期的書法流傳迄今者甚少，故此刻字數雖少，而獨具填補空白之價值，慎勿稍有損毀。

丁卯五月，舒俠同志來京出示，囑識數語，時將有東瀛之行，匆匆倚裝應命。八十三翁董壽平。

董壽平的題識，着重論述了東漢碑字的書法意義，認爲其有填補書法演變歷史空白之價值。我們如果另外從考古意義上來説，《辛酉碑》正是填補了山西金石史上的一個重要空白，『山西無漢碑』之説自此休矣。

《辛酉碑》及董壽平題跋

隋代磚文《郭雲銘》

《宋拓隋郭雲銘》於一九九六年、二〇〇四年，先後在上海朵雲軒、北京翰海拍賣會上露面。拓片十四字：『大隋大業三年遵德鄉故人郭雲銘』。裝裱爲立軸，上面有梁章鉅、張曾疇、張之洞、楊守敬、端方、梁鼎芬、王仁俊、羅振玉等多人題跋。山東巡撫崇恩題跋爲：

隋《郭雲銘》磚文，《金石萃編》載之，然諸家鮮見拓本。近人如翁覃谿，未之見也。堪稱寡二，可寶也。玉牒崇恩識。

乾隆朝進士王昶（字德甫）編纂的《金石萃編》，是清代一部金石集大成的著作。《郭雲銘》雖被載入此書中，但連金石大家翁方綱也没有見過拓本，所以，崇恩認爲這一拓片寡二無雙，足可珍寶。

道光年間，此拓片是梁章鉅的篋中藏品。梁章鉅官至江蘇巡撫，擅長書法，富於收藏。他得此甚喜，題曰：

右《郭雲銘》建於隋大業三年，磚高一尺二寸，廣六寸七分，正書三行，每行字數多少參差不等。銜稱『遵德鄉令』，豈雲當時之職耶？此十四字，隋刻，宋拓，著録家所未見，兹入余秘篋，不啻人間碩果。退庵居士梁章鉅記。

梁章鉅去世後，拓片仍在江蘇流傳，光緒元年（一八七五年）無錫人張曾疇得到此物。張曾疇字望嶼，號潛園，入張之洞幕府。張之洞看過拓片，題寫了如下一段話：

此《宋拓隋郭雲銘》，『故』字下是『人』字，朋友者，五倫之一。孔子題季子墓曰『烏虖者，吴延陵君子之墓』，此古人爲友題墓之始。漢治近古，敦尚風義，往往有遠近會葬者。此磚蓋雲之友人所爲，題曰『故人』。漢碑『故吏』之外，至六朝而又有題『故人』者，要之交往之厚，爲後所僅見也。潛園太守好古考學，固宜珍若球璧矣。戊申三月，無競居士張之洞題。

《金石萃編》將磚文中『故人』誤釋爲『故令』，梁章鉅不知是誤釋，疑『遵德鄉令』是郭雲的職銜。張之洞糾正其誤，指明『故人』即是朋友，爲朋友題墓是古代敦尚風義的傳統。

又有張之洞門人王仁俊，字扞鄭，官至宜昌知府。他觀拓片後，援引唐高應墓志銘題額爲『故人高應』，以證磚文『故人』有同例，並且還提出了一個疑問：王德甫《金石萃編》記載此磚的長寬度，與梁章鉅所説不一致，是不是王德甫當時未見原拓呢？隨後則是著名金石家羅振玉一段跋語，回答王仁俊的疑問。羅振玉寫道：

此磚稱『故人』，王德甫先生《金石萃編》誤作『故令』。王君扞鄭援唐高應墓志書題亦作『故人』爲證，甚精確。然志文題『故人』者，猶不止此。玉曾見隋《甄元希銘》亦署『故人』。其文云：『大隋大業六年前竫漠將軍□相都督潁州騎□□軍師都督故人甄元希銘。』文詞簡質，與此磚略同。彼爲大業六年，相距僅三年耳。可見當時銘幽之文尚質直，有古風也。王君又謂《萃編》記此磚高廣與拓本異同，《萃編》所記尺寸用漢建初尺，短於今度，非有誤也。戊申夏四月，潛園先生出古拓善本屬題，謹書軸下，此志眼福。上虞羅振玉。

研讀過如上各家題跋後，我又查閱了清光緒二年（一八七六年）嘉興鮑昌熙編纂的《金石屑》，其第二册載隋《郭雲銘》，拓片後有如下記述：

右《郭雲銘》，文曰：『大隋大業三年遵德鄉故人郭雲銘』。正書，三行，凡十四字。乾隆丙申秋日，黄小松司馬於濟寧城北二十里土中掘得此磚，以贈鐵橋道人，道人考後，磚遂失所。王氏《金石萃編》誤『故人』爲『故令』。阮氏《山左金石志》載此，名曰《大業磚文》。

黄小松即著名書畫篆刻家黄易，官濟寧運河同知。鐵橋道人是乾隆時任湖南巡撫的查禮。《金石屑》這一記述，引出了一個矛盾：如果此磚出土於乾隆年間，就不可能是宋拓。但不知《金石屑》所記黄小松掘磚之事有何出處？諸多題跋認爲宋拓，亦不明有何根據，我們衹好存疑了。

無論如何，隋代的磚，隋代的銘文，這是確鑿無疑的。立軸上十多家題跋，多是金石名家，亦頗珍貴。讀了那些跋文，可知先前的學人是怎樣重視古跡，他們對於古代的一磚一瓦都視若瑰寶，片文隻字都那樣覃思精研。這使我們身處當代，頗多困惑，前賢們這種愛惜文化遺産的精神，不知怎樣就弄得失傳了呢。

隋《郭雲銘》拓片及張之洞等題跋

此專稱故人王德甫先生金華石編誤作故今王君杆鄭核慶高麗基誌者題亦作故人爲證甚精確並證又題故人者猶不止此玉曾見隋甄元希銘亦署故人其文云大隋大業六年前驃漢將軍□相府背潁州騎□□軍帥府背故人甄元希銘文詞簡質与此專略同紀爲大業六年相距僅三年耳此可見當時銘典之文而質直有古風也王君又謂華編記此專高廣与拓本異因華編所記尺寸用漢建初尺矩于今度也有誤也戊申夏四月潛園先生出古拓某本屬題謹書數語以志眼福上虞羅振玉

羅振玉題跋

《金石屑》中隋《郭雲銘》

大唐王居士磚塔之銘

《大唐王居士磚塔之銘》，作於唐高宗顯慶三年（六五八年）。在地下埋藏了九百多年之後，明代萬曆年間，於陝西西安終南山楩梓谷出土。撰文人上官靈芝，書寫人敬客，此二人在史上都未留名，行跡不詳。

此磚塔銘碑，爲楷體書法，十七行，每行十七字。因石體較薄，出土後在流轉中已斷爲七塊，散佚兩塊，僅存五小片。早年有重刻本，臨摹作品甚多。明清以來，此碑頗得盛贊，被認爲是臨摹楷書的極佳範本。書評家説：磚塔銘秀勁有法，在歐褚之間。其功績在於取法時人，融冶衆長，上追魏晉六朝，以中和、清新的藝術構思，保持了初唐書法的基本風貌，並出以新意，爲後人留下了一份可資借鑒的遺産。

現在所見到的關於磚塔銘的評介，都限於書法方面，不涉及銘文內容。其實，這篇文章也是值得我們一讀的。傳統的墓志銘的寫法，分爲志、銘兩部分，志是銘的序文，銘是四言詩歌。兹將碑文照録如下：

居士諱公，字孝寬，太原晋陽人也。英宗穎邁，遠胄隆周；茂緒遐昌，鬱冠後魏。樂府歌其載德，天下挹其家聲。具詳圖牒，豈煩覼縷。居士摽早先覺，本遺名利；遍覽典墳，備窮義窟。觀老莊如糟粕，視孔墨猶灰塵。得給園之説，磬求彼岸之路。勵精七覺，仰十地而翹勤；旰食一麻，欣六年之憔悴。方期拔除煩惚，永離蓋纏；何悟積善始基，處悲生滅。以顯慶元年十一月廿九日，寢疾終於京第，春秋七十有三。十月十二日，收骸起靈塔於終南山楩梓谷。風吟邃潤，寶鐸和鳴；雲散危峰，金盤吐曜。道長運短，跡往名留；不刊分石，孰播徽猷！

以上引文，共二百餘字，文意可分三個段落。

文章開頭，指明王居士的名諱、表字、籍貫，接着説他的家世。『隆周』指古代隆盛的周朝，王氏源出宗周，因而説『英宗穎邁』。又因祖上曾經是北魏的重臣顯宦，因而説『茂緒遐昌』，即宗族長盛不衰之意。《樂府》中有其先祖的頌歌，天下人都推崇其家族聲望，這在諜譜中已有記載，還用逐一詳細叙述嗎？『覼縷』意謂逐條陳述。這一段文字，交代了居士的高貴出身，筆法極其簡潔。

第二段，論述居士爲何要尊奉佛教，及其修煉的經過。他很早就接受先賢的啓悟，拋棄名利思想，博覽古代典籍，探索義理的淵府。因而，在他的眼中，老子莊子如同糟粕，儒家墨家猶似灰塵。於是，接受佛教（給園）的經義，竭誠追求超脱人世，向往到達彼岸之路，進行了六年的苦修。『七覺』『十地』，及後面的『處悲生滅』，都是佛教語。這一段落行文暢達，多用對仗，寫得十分精彩。『觀老莊如糟粕，視孔墨猶灰塵』，可謂卓闊驚天之語。

第三段，記述居士病逝，及建塔、銘碑的過程。風吟，鐸鳴，浮雲飄蕩，日月輝映，靈塔周圍這些幽美景致，以精練的文字做了生動描寫。四言銘文最後寫道：道義是悠長的，而人的命運很短，形跡已經過去了，名聲卻會長留，若不銘記在石碑上，如何能傳播其人的美善之道呢！

這篇碑文，敘事清晰，理趣深邃，語言洗練，詞采閃爍，仿佛柳宗元的文風。如此精雅美文，置於《古文觀止》中亦毫不遜色。文章作者上官靈芝和書家敬客，名不見經傳，此前衹是説敬客是一位被歷史淹没的書法大家，現在我們還必須指出，上官靈芝也是一位被淹没的文章大家。無名人士的作品都這樣精湛，這又不禁讓人感歎：唐朝真是一個文林極盛、風華無比的時代啊！

有近代學者董康，以造詣深粹的小楷，將這篇大唐的磚塔銘臨摹在一柄摺扇上。董康是江蘇常州人，清光緒進士，曾赴日本研習法律，一九一二年後歷任大理院院長、司法總長、上海法政大學校長、北京大學教授。這件成扇書法，是他一九二二年任教北大時的作品。所臨摹的底本，是磚塔銘出土時的初拓，『毫芒悉具，血肉相生』的精本。董康學養豐博，書風古拙，全篇氣貫神凝，寫出了唐楷的本色。

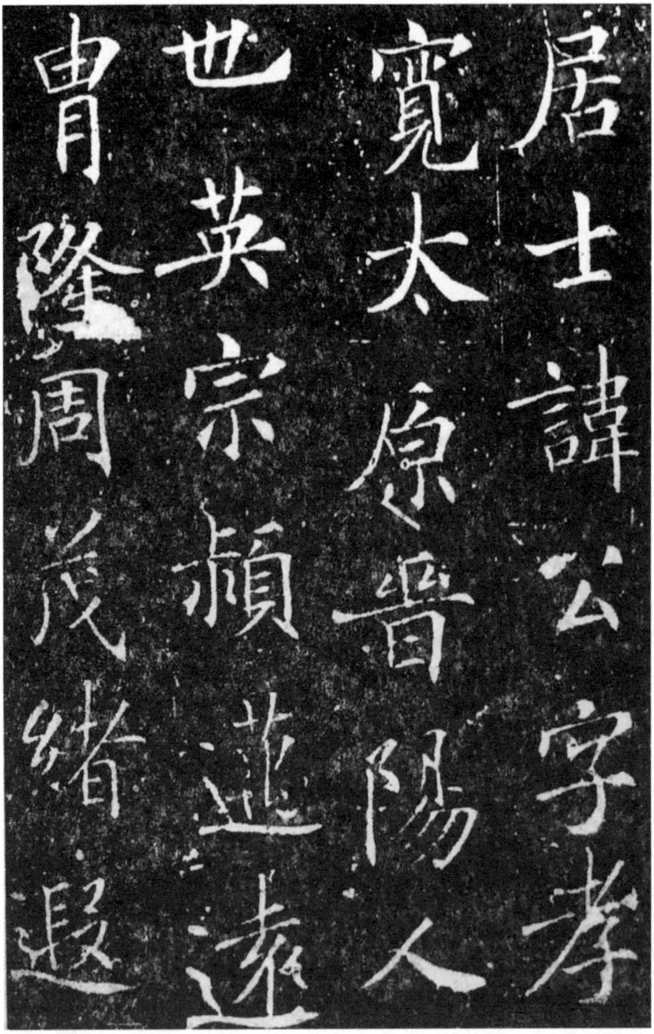

《王居士磚塔銘》局部（剪輯，脱字）

昌樹冠後樂府
歌其載德天下
挹其家聲見詳
譜牒煩覼縷居

董康書《王居士磚塔銘》摺扇

《醉翁亭記》草書碑

我處收藏有《蘇軾草書〈醉翁亭記〉》舊拓一卷，暇時徐徐展開，每有賞心悦目之感。

據説，當初滁州人重修醉翁亭，託杭州守將劉季孫前去向蘇東坡求字，東坡將歐陽修《醉翁亭記》先後以草書、楷書各書一帖。劉季孫將楷書帖交滁州刺史刻石，草書帖成爲個人珍藏品，歷經流轉，明隆慶年間爲新鄭人高拱得之。高拱當時任職大學士、吏部尚書，視東坡草帖爲荆山之璧，千金不易，囑其婿劉巡上石。隆慶五年（一五七一年）秋，恰逢文彭到京，又有善刻石者吴應祈在京，文、吴、劉三人分别摹、刻、校，完成了《蘇軾草書〈醉翁亭記〉》碑刻。高拱、劉巡罷官後，將此碑移回河南鄢陵，清康熙年間高氏後人又以另石摹刻於新鄭，於是有兩碑存焉。

鄢陵碑毁於「文化大革命」中，新鄭碑現存鄭州博物院，昔人多以爲贋品。考據學之祖、明代學者王世貞説，所以認爲其爲贋本，原因有二：其一，草書《醉翁亭記》的跋語，與其楷書刻石的跋語相同，常理不應重複；其二，蘇軾正、行墨跡石刻傳世者，往往「卧筆左靡」，而這件草書卻是「拗爲右勁』，其中的正書字亦『寒儉不類』。

從王世貞指出的問題來看，其第一條理由實際不能成立，因爲草書寫於乙未日，楷書寫於乙巳日，草書先於楷書，前者即興而草，後者正式供上石用，前跋可視爲草稿，後書自然可以重複前跋。而且兩跋亦有差異，後跋增加了『自高郵來，過滁，滁守河南王君詔』十三字。王世貞雖以爲贋，但又云：『長夏稍取展玩，見其渴筆、縱筆、拂策磔掠之際，森然有折釵股、屋漏痕法，則又以爲公興到書。』可見此草書帖，無論真贋，堪稱妙品。

手邊有錢大昕《潛研堂文集》，爲上海商務印書館早年印本。其卷三十二，見有《跋東坡書〈醉翁亭記〉》一文。其所跋之卷，稱是『鬱岡齋之物』。鬱岡齋爲王肯堂號。王肯堂字宇泰，明萬曆進士，好讀書，精於醫，著《鬱岡齋筆塵》。錢大昕跋語説：『王宇泰跋，明時已有真贋二本，新鄭所藏係贋，卻有松雪諸人跋，而此無之。以真跋輔贋本，亦骨董家作僞之長技。然珠在而櫝去，庸何傷。』這裏所謂『新鄭所藏』，即指高拱所得的草書帖，有趙孟頫跋。趙跋稱《蘇軾草書〈醉翁亭記〉》原是南宋趙子固所藏，真品無疑。錢大昕的意思是説，蘇軾草書是假，趙孟頫的跋是真，這叫作『真跋輔贋本』。那麽，明代已有真贋二本，一種有趙跋，一種没有趙跋，有趙跋的既然是贋品，他所見的没有趙跋的那卷便該是真品了吧？卻又説他所跋的那卷『鬱岡齋之物』不類蘇軾之書，疑是黄庭堅仿作，豈不是既無櫝、又無珠了嗎？這段話，匪夷所思。

近代書法家張伯英撰有《法帖提要》七卷，其中說到《草書醉翁亭記》，持絕對否定態度。他說：『歐陽公《醉翁亭》《豐樂亭》二記，東坡大書，均在滁州，碑雖明代重建，皆坡公真跡。此何物也，可冒充東坡書乎。』王世貞說此草書『森然有折股釵、屋漏痕法』，張伯英卻說『此書於轉折處，每斷而另起，備極俗惡之狀』。張氏之刻論，似亦不足服人。

我去過滁州，那裏的醉翁亭石刻，原是蘇軾的正書，『文化大革命』中被砸壞。重刻一碑，毫無神韻，一瞥之後，再不想看。手邊没有滁刻舊拓，看過若干印刷的帖本，均不見佳。令人觀瞻不厭的還是這卷草書拓本，其駿逸高朗之致，鮮有可比擬者。

趙崡是明代著名的金石學家，著有《石墨鐫華》，爲學界所重。他寫到《醉翁亭記》草書帖時說：時時展玩此帖，不是蘇之筆法，卻勝過蘇之筆法；令人不解的是，這位書法家爲何不自顯姓名，而又何必署蘇軾之名呢？又說：『諸跋非真，亦似有據，第無從證之。』

我們現在研究此帖的真僞，也祇好說『無從證之』而已。

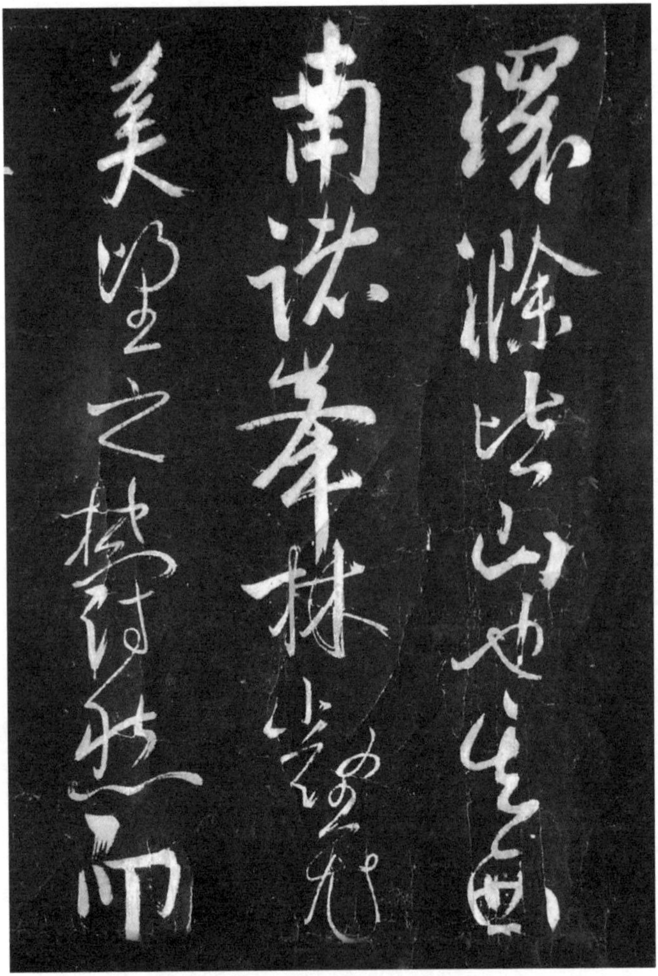

草書《醉翁亭記》局部

深雲也瑯邪
山行七十里瀨間
其中

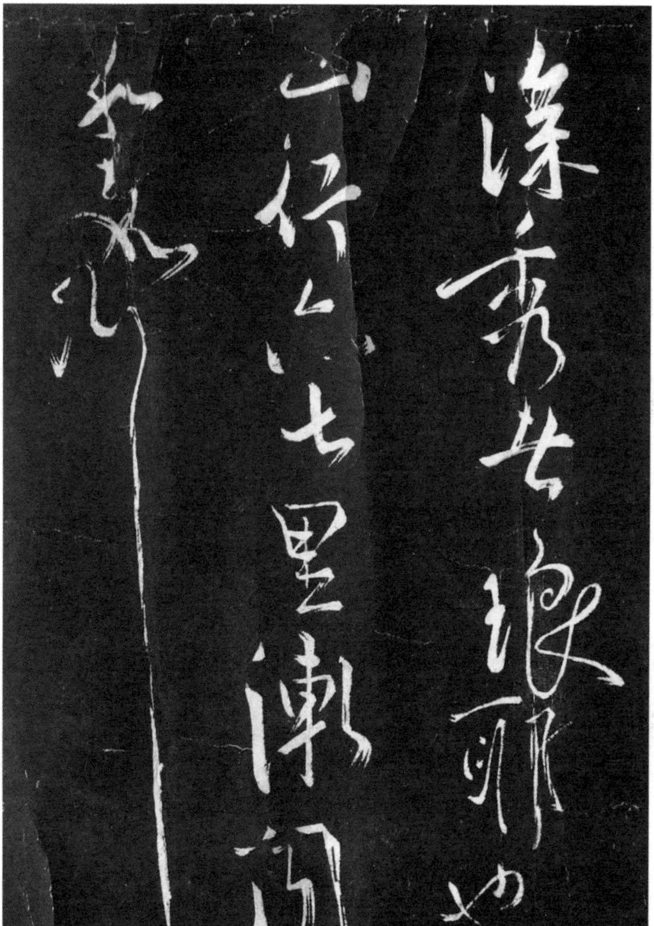

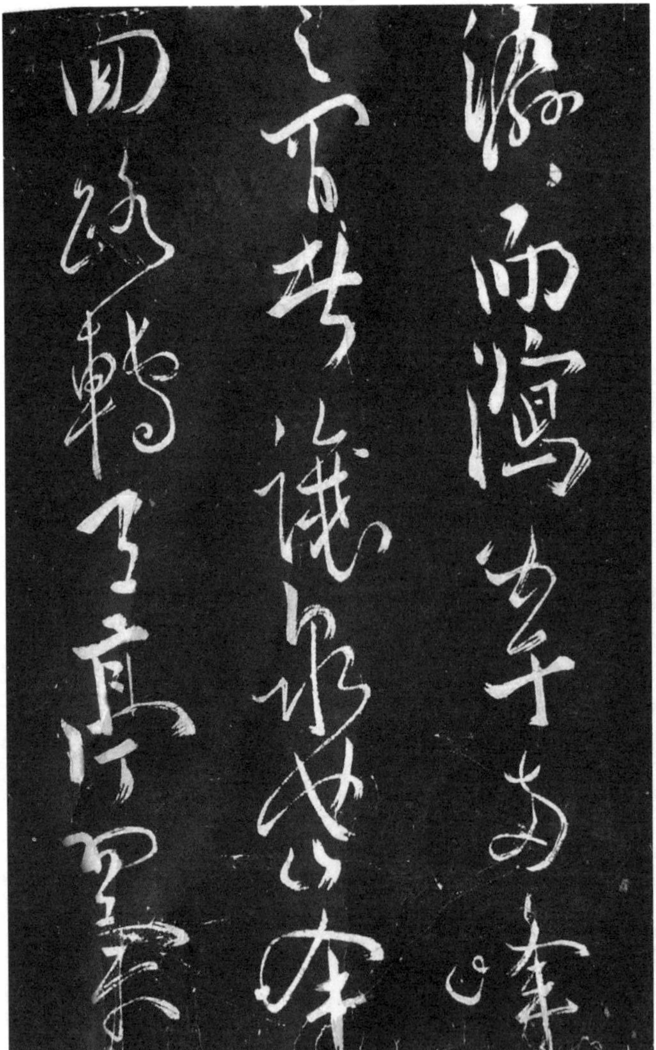

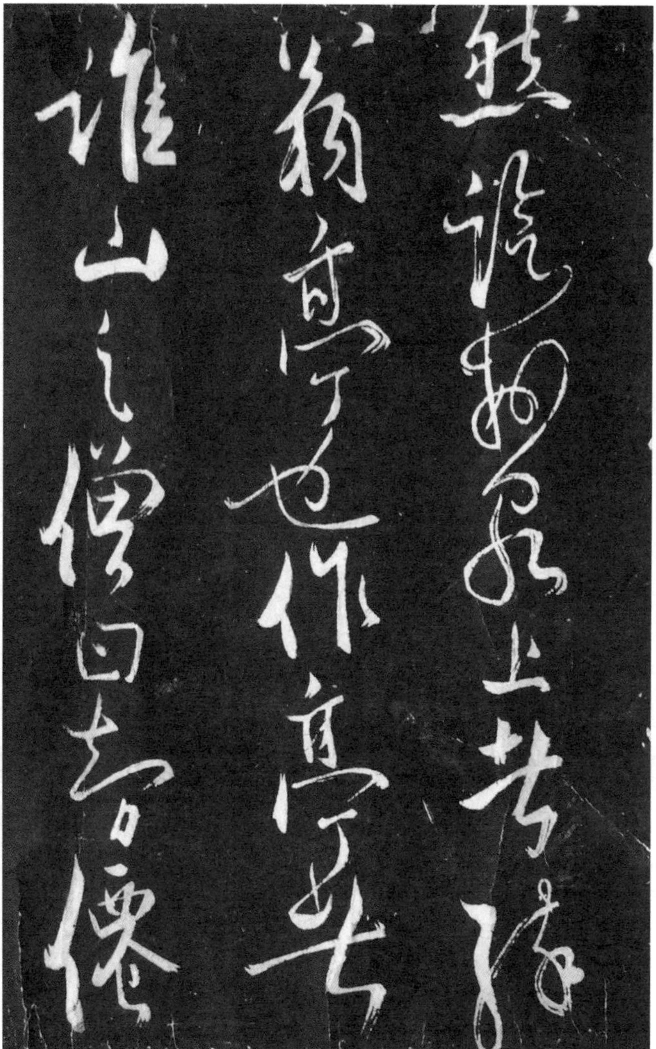

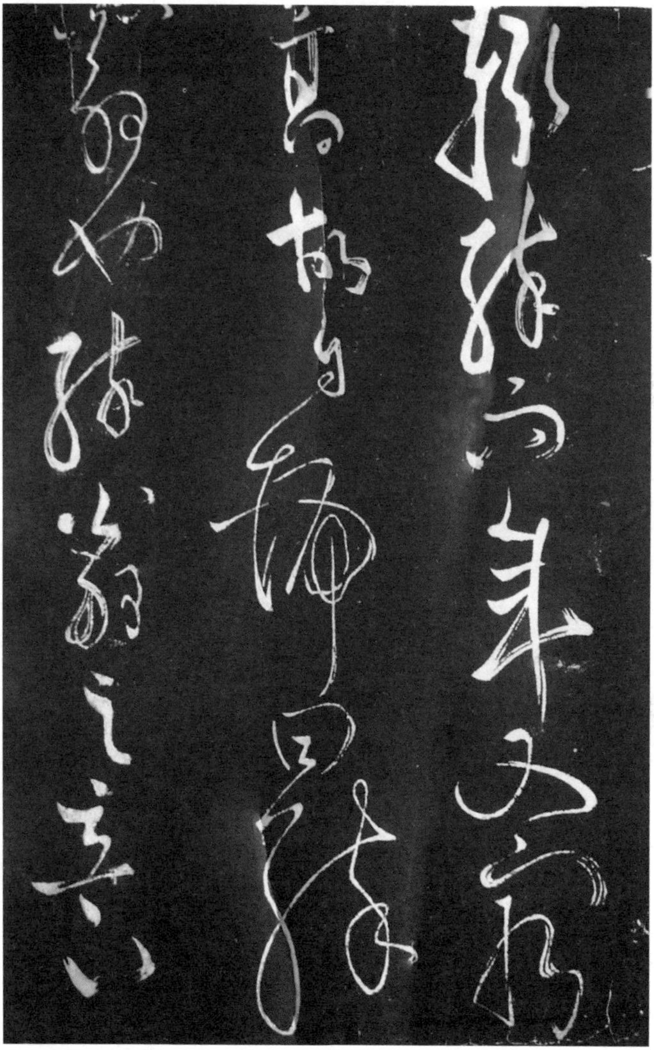

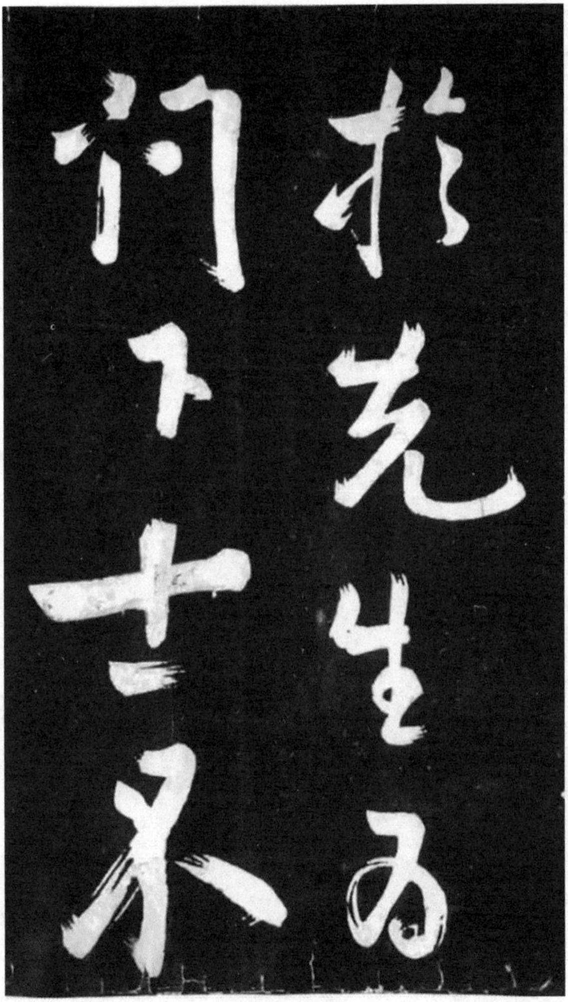

草書《醉翁亭記》款識

一乃以报十一月八未

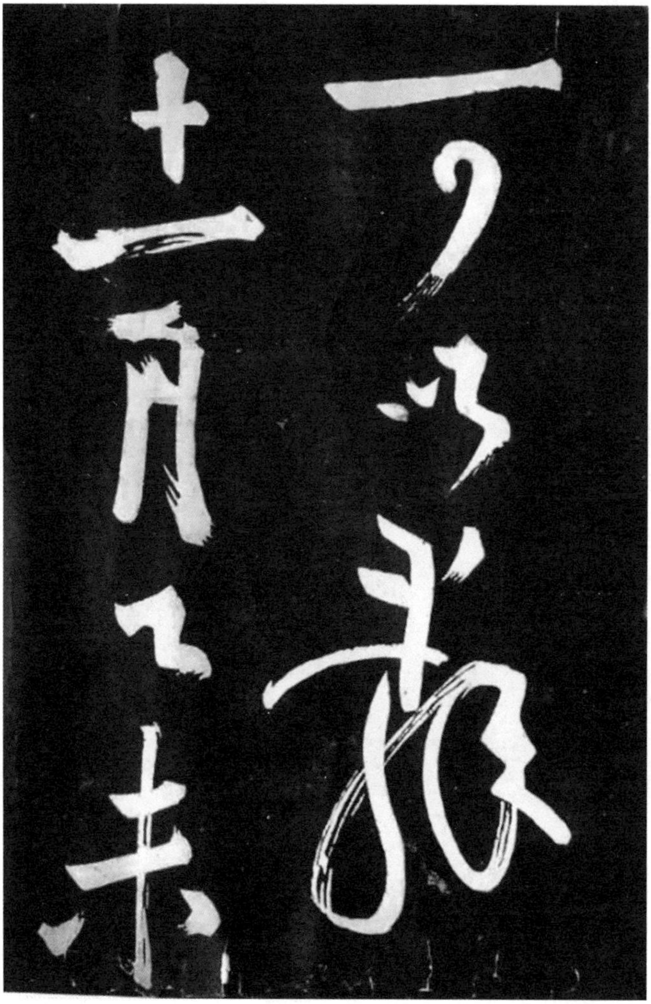

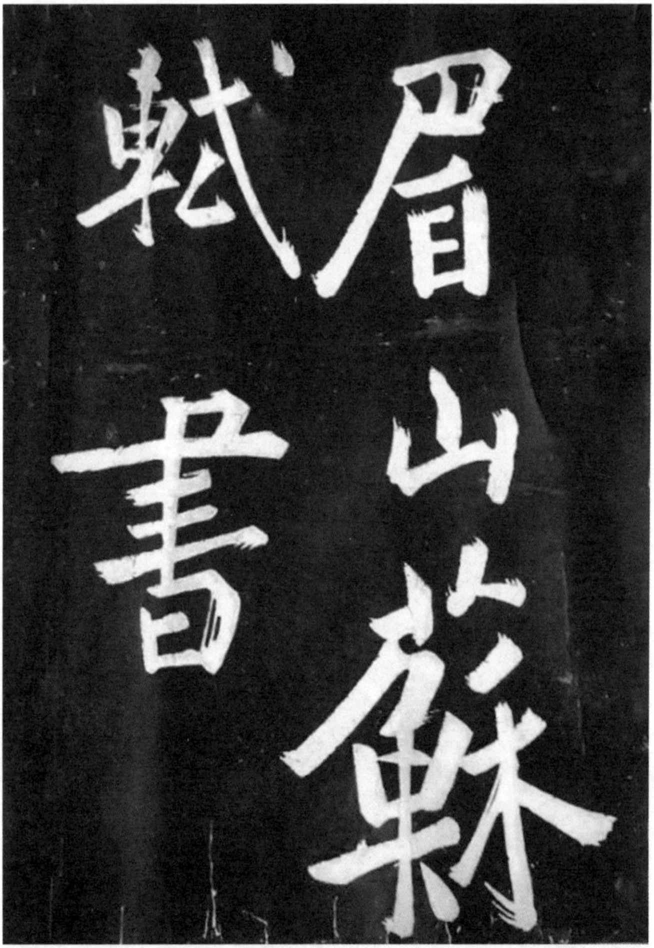
眉山蘇軾書

元拓魯公三表

我購藏有兩種顔真卿法帖。其一是清拓《顔家廟碑》，剪貼裝爲兩册，保存尚好。其二者，封面題簽爲《元拓魯公三表》，鈐收藏印曰：『徐溝王氏家藏。』徐溝今屬太原市清徐縣，王氏即王啓恩。徐溝王家累代官宦，又是晋商世家。舊時以天禄堂爲名號，在全國各地開設商行，豪富無比。八國聯軍侵京之年，慈禧和光緒帝避難過晋，曾以王家天禄堂爲行宫。王啓恩，字炳堂，號瑞臣，一八三七年生，一八九八年卒。同治元年（一八六二年）舉人，光緒年間授朝議大夫，候選知府。既富收藏，且好研究，著有《芸齋石考》《泉幣集古録》。

《元拓魯公三表》帖的末頁，王啓恩用硃筆寫下四行題跋：

今世《魯公三表》不全。此拓乃元拓無疑。碑石明初已壞。俗云顔『真不如草，草不如稿』。此乃上表之草稿，前後賞鑒之章甚多。此草，魯公得意之筆，何况世所傳草書亦少見哉。因跋數語，以志得此帖之真。光緒二十有一年七月，晉徐王啓恩題。

《魯公三表》即：一，《謝晋王曹王侍讀贈華州刺史表》，俗稱《謝贈祖官表》；二，《謝兼御史大夫表》；三，《讓憲部尚書表》。近代研究者認爲，自清代始出現《魯公三表》帖，未見有明代以前的著録，因而判爲僞托。持此論具代表性的學者是楊守敬，所著《學書邇言》寫道：『《顔魯公三帖》，近世始刻於揚州包氏，格意圓熟，無魯公剛勁之氣。考之於史，亦不合，是爲僞作。』

王啓恩生年早於楊守敬兩歲，屬同時代人。楊説《魯公三表》是近世始刻，王啓恩鑒爲元刻，並説碑石明初已毁，不知各自有何實據。帖上數方收藏印鑒，或許有助於判別真僞。印章若真，也可藉以推測帖的流傳蹤跡。其中兩印值得留意，一是鈐於上方的『貞明内藏』，一是下方的『陳郡長平殷氏儲古堂集藏書畫之印』。貞明是五代後梁末帝的年號。陳郡長平即陳州淮陽縣，今屬河南省，陳郡殷氏是歷史上著名世家。這方殷氏儲古堂的收藏印，文字古雅有趣，書篆者應不是尋常之輩。

楊守敬認爲此帖『格意圓熟，無魯公剛勁之氣』，似是説到了要害。與《論座帖》《祭侄稿》放到一起便涇渭自分，《魯公三表》筆畫中缺少了一些奇氣和雄秀意味。若非僞作，或是翻刻失真乎？三分遜色，殊可歎也。

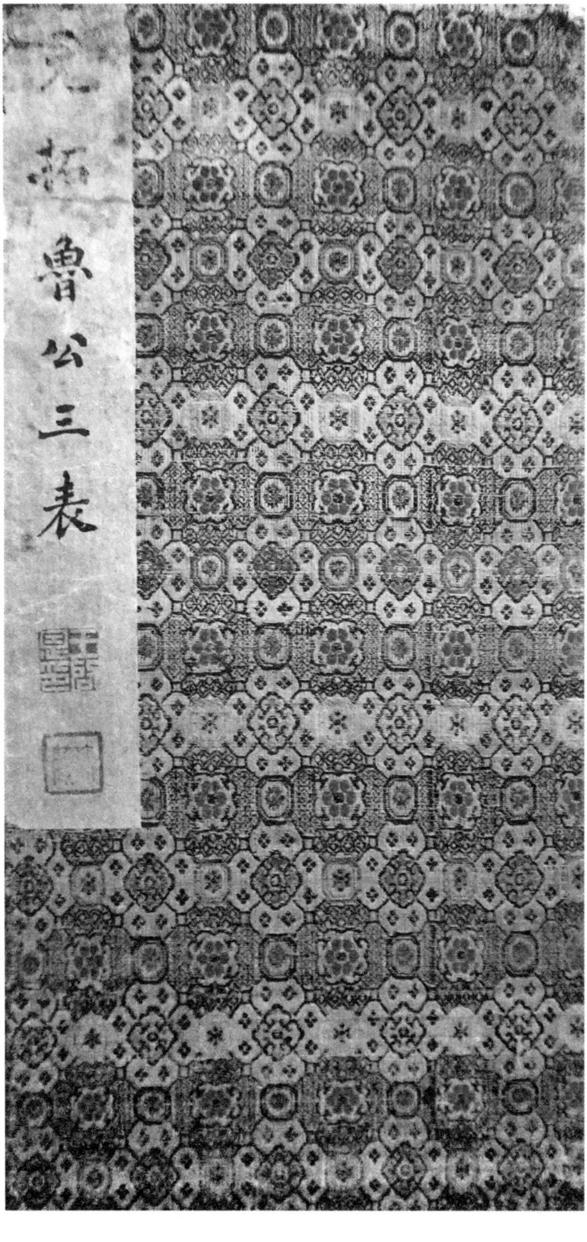

藏帖封面

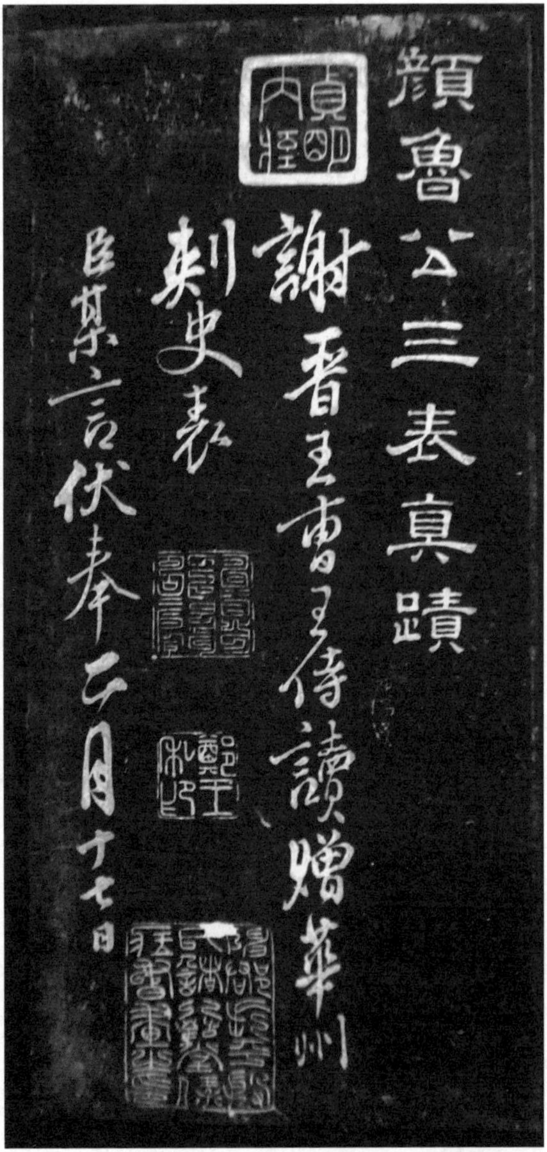
顏魯公三表真蹟
謝晉王曹王侍讀贈華州刺史表
臣某言伏奉正月十七日

《魯公三表帖》局部

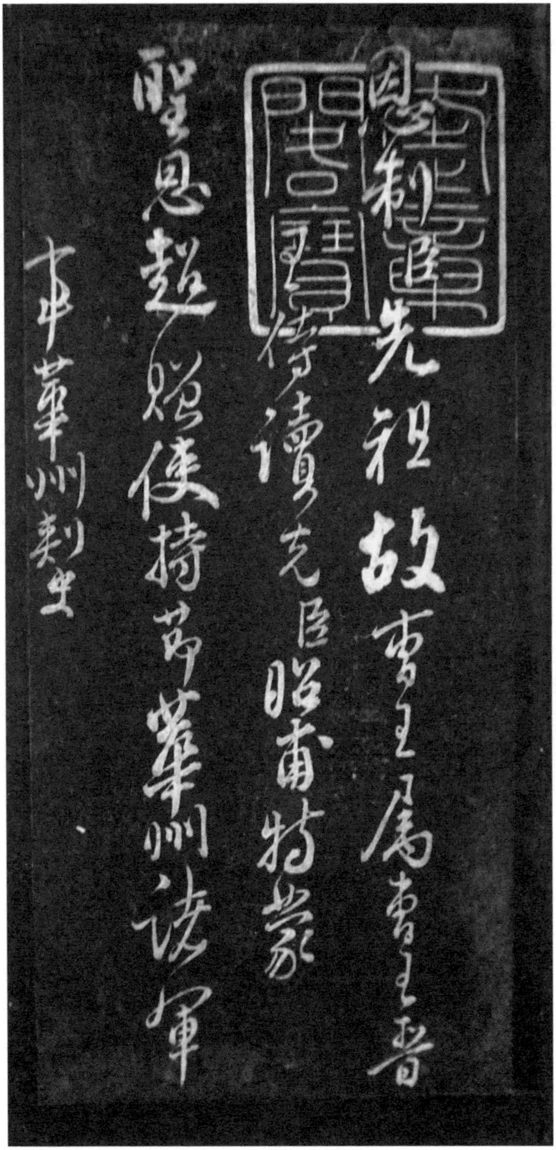
先祖故
侍讀克臣昭甫特蒙
聖恩超賜使持節華州諸軍
事華州刺史

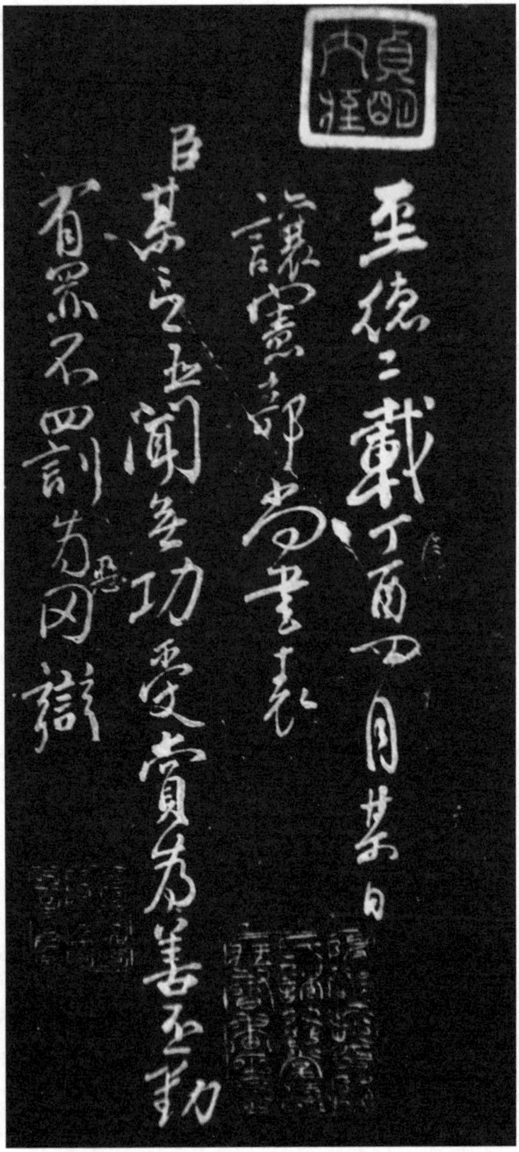
至德二載丁酉四月某日
議憲部尚書表
臣某言伏聞無功受賞爲善不勸
有罪不罰爲惡罔懲

裕公和尚道行碑

趙孟頫撰書的《裕公和尚道行碑》，元延祐七年（一三二〇年）立於翼城縣金仙寺。我從市場上得到一個舊拓本，剪貼在一本民國早年的學校教科書上，甚爲簡陋，但文字尚完好。

此碑全稱：『大元晋寧路翼城縣金仙寺住持弘辯興教大師裕公和尚道行碑。』《山西通志·古跡考》云：『金仙寺，在翼城縣同穎坊，元延祐間移建，有趙孟頫所書碑。』又《方外録》云：『弘辯大師，姓郝氏，翼城金仙寺僧。幼敏慧，日記三千言。講説法要，人服其精詣。』今山西翼城其碑仍在，惜已裂縫，並多處損字。

趙孟頫此作，文與書都很精湛。行書兼楷，墨氣雋爽，意態自如，有似《杭州福神觀記》，而骨力尤勝之。看書法之外，我更有興於閱讀其碑文。由碑文知，弘辯大師先住壽聖寺，『大開講席，聽衆逾百，檀施雲興』；次住華嚴院、十方仁壽寺，建講堂安衆五百；後影響日益擴展，於是移住金仙寺。其立志弘毅，百廢俱舉，修閣造像，置大藏經，以至該寺『金碧輝映，爲晋偉觀』。大師爲稷山縣人，自九歲落髮出家，三十一歲領衆住持，至七十二歲遷化，住持說法達四十一年之久。志行精專，能融通三藏，弘佛法於始終。微言玄論，滂沛心胸，利生接物，爲四衆所宗。元代出過這樣一位高僧，值得銘碑紀念，至今祇知趙書，而忘卻大師其人，是頗令人遺憾的。

《裕公和尚道行碑》前款

碑
翰林學
士承旨傑
祿大夫知

兼脩制誥
國史趙孟頫
撰并書篆

明代皋陶廟碑

皋陶是遠古堯舜時代的法官，是中國歷史上第一個法官，也是世界歷史上最早的法官。其事跡記載在《尚書》中。山西洪洞有一個古老的村莊，名叫皋陶村，當地向來讀陶爲『窑』，傳説皋陶少年時曾受命監造瓦器，『陶』讀燒瓦窑的『窑』音，傳幾千年不改。大約在明清時期，爲尊聖起見，曾經改名士師村。士師是古代對法官的尊稱。但有論者認爲無須避諱，故現在仍叫皋陶村。

皋陶村在洪洞城南，距城十五華里。古官道之東有皋陶墓，官道之西的高地上建有皋陶祠，經元代重修，習稱士師廟。

據古籍記載，皋陶後人封於英、六一帶，即今之安徽六安地區。洪洞爲皋陶故里，六安爲其後裔封地，故兩地都有皋陶之墓。

洪洞皋陶廟自元代元統二年（一三三四年）重建後，明代天順四年（一四六〇年）、正德十四年（一五一九年）、嘉靖二年（一五二三年）、天啓二年（一六二二年），清代康熙十一年（一六七二年）、雍正十三年（一七三五年）、道光十五年（一八三五年）、同治三年（一八六四年），都進行過增修和重修。庚子事變，慈禧出奔山西，路經洪洞時曾經拜祭皋陶廟，並題寫了『真憲省誠』匾額。前人於此廟題詩甚多，有名句如：『廟貌巍然驛道旁，階前古柏鬱蒼蒼。』『士師古廟柏青青，徑繞莓苔月滿庭。』『血食春秋隆祀典，英靈千古照寰區。』據説即使在抗日戰争中最艱苦的一九四二年，清明節時仍然舉行了隆重的祭祀，四周士民踴躍而至，鳴炮奏樂，以此爲鄉里盛事。此廟被廢，是一九四八年的事情。一九五八年人民公社化時，皋陶墳地又被伐樹平墓，這位古代聖臣從此就在他的故里銷聲匿跡了。

進入二十一世紀，社會法治意識呈現新的覺醒。洪洞縣文化局賀偉熱衷於皋陶研究，他同洪洞法院院長多次來省，與我商談復建皋陶廟，以作華夏司法博物館的籌劃。就在他們籌建博物館之際，竟然找回了一通明嘉靖二年的古碑，令人喜出望外。

皋陶廟中原有許多石碑，拆廟後碑亦散失。古碑用作修路、搭橋、蓋房的石料，這在集體化時期是極爲普遍的事情。這通嘉靖古碑，有幸是被用於安裝電磨，雖被鑽了許多眼，並没有打爛，篆額已不存，碑文有損字，但大體完好。文首題爲《增修有虞士師廟記》，韓文撰文，許翔鳳書丹。文末記立石時間曰『嘉靖二年歲在癸未冬十二月吉日』。

韓文、許翔鳳都是洪洞人，也都是明朝歷史上的著名循吏。韓文於成化初年舉進士，官至户部尚書。史稱他『凝厚雍粹，至臨大事，剛斷無所撓』。明朝後期是一個宦官專權的時代，正德年間皇帝昏憒，宦官横行，韓文極感憂憤，冒死上疏彈劾劉瑾集團的『八虎』，説：『縱事無濟，吾年足死矣！不死，不足報國！』表現了勇於與邪惡勢力抗争的正直磊落的氣節。結果受到迫害，遭廷杖拷打，後又被逮捕下獄，罰米輸邊。罰米是劉瑾制定的一種處罰，迫令韓文拿出一千石糧食，由家人送到邊塞作軍糧，千石後又加罰，逼其破産。劉瑾死後，耄耋之年的韓文才得以復職，遂退休還鄉。嘉靖二年爲臯陶廟撰寫碑文時，已經八十三歲高齡。許翔鳳是正德六年（一五一一年）進士，官監察御史，曾巡按甘肅、兩淮，正當中年時，對腐敗朝政不滿，斷然上疏辭職了。史稱他居鄉休閑，忠信淳厚，雅好山水，常作詩文，自樂其志。臯陶碑出自此二人之手，可見非同凡響。

嘉靖年增修臯陶廟的緣起，還必須説到巡按王秀。王秀在嘉靖二年以監察御史巡按山西，到了洪洞，見臯陶廟湫陋失修，特撥專款，命平陽府推官和洪洞縣令負責增修。王秀除出巡山西外，還做過湖廣巡按，曾在襄城鹿門山建『三高祠』，祀龐德公、孟浩然、皮日休。

王秀洪洞之行，令人想起戲劇《玉堂春》。《玉堂春》故事出自馮夢龍小説《警世通言》，所寫王公子之父王瓊，正德進士，因彈劾劉瑾被罷官，王公子後來及第、巡按山西正在嘉靖初年。因而，疑小説中的王公子即以王秀爲原型。馮夢龍雖然是寫一個愛情故事，平冤案一事卻具有重要的法律意義。

韓文撰寫的碑文中說，皋陶的法律並不在於制定多少條文，而是主張教育爲主、慎用刑罰，刑罰祇是作爲道德倫理教育的輔助。皋陶的慎刑思想在中國歷史上影響深遠，古代法律中歷來對於死刑有着慎重的復核程序。即使在明朝那樣一個極度專制的時代，傳統的法律思想仍然在閃現着一綫光亮，所以才有『蘇三昭雪』的故事發生。

此碑高約三米，寬一米又三十釐米。碑文爲正書，竪二十行，全文六百餘字。許翔鳳鄉居自樂，不與時流論次，因而在書法史上並不著名。但看他此作，全是大家風規，應在當時某些名家之上。明代許多人追隨趙孟頫，脱不出姿媚之氣。許翔鳳此碑則從唐楷中來，運筆沉實，結體穩重，略似《玄秘塔碑》。全篇一派端莊肅穆氣度，既有顔體的謹嚴雄健，又得柳體的剛挺堅勁，絶無輕滑流俗之態。

無論其内容，還是其書法，此碑都是一件難得的珍貴文物。

增修有虞士師廟記

賜進士第光祿大夫柱國太子太保致仕戶部尚書邑人韓文撰文

賜進士第文林郎廣東道監察御史邑人許翔鳳書丹

賜進士第中憲大夫山西平陽府知府九江廖紀篆額

出洪洞縣南十里有虞士師皋陶氏廟在焉爲堂三楹庭稱之規度痺隘非宜無以容俎豆崇吉蠲而庭與堂亦歲久弗治嘉靖癸未秋巡按御史萊陽王公秀過而陋之乃擘公帑之餘若干緡以授平陽府推官喬年董縣之主簿王埠新之爲享堂一視昔加恢焉爲內外庭二廣視昔修倍之爲重門一爲綽楔於通衢又一則視堂若門之宜以爲之制而紀□者曰有虞士師之廟廟成謁記於文文惟士師古明刑官也古之刑非修爲條約待其入而敝之如今之□也有教之道焉敎者何君臣父子夫婦長幼朋友之倫也古之君如堯如舜如禹皆慎徽敎典以端是敎於上而下之爲臣者惟明夫孝友睦婣任恤之刑以弼是敎之行耳皋陶之謨曰慎厥身脩思永敦敘九族意蓋可見矣斯義不明世之人遂有溥倫理黷□訟以犯於有司者矣甚或出其不逞之辭以邀庇於神幸而售焉則曰神誠录副也則操壺榼群巫覡以□且嬉于廟而卒莫有悟焉嗚乎敎之不明一至此哉聖人過化之邦固亦有是耶□□氏過平陽既新堯舜禹廟器茲復出其餘以新斯廟豈惟致其力於一代君臣殷祀之間哉亦示之敎耳敎之興則民之興可卜矣紀其事而繫之以歌且曰使後之執祼奠於斯廟者聞皋陶之德如將見皋陶焉歌曰

惟天生民若有恒性哉惟辟奉天厥性之盡哉惟臣佐辟惟刑之慎哉性之弗盡敎曷成敎之弗成刑何俐在昔先民惟性之明惟性之明惟敎之興惟敎之興刑期無刑哉惟彼陶唐有此冀方春秋報祀日此方之常我祀既辰我廟既新匪神之私惟爾敎之陳爾敎既陳爾民既親惟從欲以治以休于神神歸乎來哉惠此方之民哉

嘉靖二年歲在癸未冬十二月吉日督工平陽府推官喬年　洪洞縣知縣孫巨鯨立石　委官義官岳□

皋陶廟碑拓片

訓廉謹刑約言碑

山西古有臨晋縣，一九五四年與猗氏縣合併爲臨猗縣。臨晋縣的古縣衙仍在，其中立有一碑，明萬曆四十二年（一六一四年）刻石，弁首爲：『直指按晋訓廉謹刑約言。』直指，即朝廷派到各地的巡視官員。漢代又稱直指使者。明代設有巡按御使。《明史·職官志》説：『巡按，則代天子巡狩所按藩服大臣、府州縣官諸考察，舉劾尤專，大事奏裁，小事立斷。』『按臨所至，必先審録罪囚，調刷案卷，有故出入者理辯之。』『凡政事得失，軍民利病，皆得直言無避。』可知巡按職權很重。『訓廉』是關於廉潔從政的訓詞。『謹刑』是要求慎用刑罰。『約言』即約定之言。這裹是一個要求所屬官員共同遵守的約定，碑可簡稱《訓廉謹刑碑》，或《約言碑》。

臨猗縣法院的友人，早些年將此碑拓片送我，那時我還在任上，讀後頗感其約言之可貴。現已退休多年，重讀之，愈覺意義深至，應推爲重要文物，予以研究。

碑文首先説：朝廷懲治貪官酷吏，已有嚴厲的規定，各地方掌權的官吏中也有操守清廉、心地善良的人，但總有那種敲榨民脂民膏、草菅人命的貪官污吏，他們『政以賄成，貪以酷濟』。這就一針見血，指出了『訓廉謹刑』的必要性，接着兩段話便是『約言』的內容：

豈知民之一絲一縷，皆民之命也。爲民牧者，奈何通暮夜之金，重科罰之條，既濫准詞狀以明攘之，又批發衙官以陰攫之，百般巧取，一味漁獵，令煢煢小民，家室破碎！無論污蔑名節，玷辱官常，清夜捫思於心，忍乎？無論機關敗露，身名俱喪，捆載而歸，寧常享乎？恐鬼神忌盈，亦陰瞰其室矣！興言及此，熱腸冰冷，慾念全消矣！凡按屬有司，宜猛然思、憬然悟矣！

又：刑者，不得已而加之民者也，用以明國法。殺一人，正所以懼千萬人。殺之，實所以生之也。猶且體天地好生之德，廣皇上欽恤之仁，不忍盡法以掩恩。況用以逞威漁利，敲骨吸髓，總是私利，上干天地之和，下造子孫之孽，端由於此矣！獨不思死者不可復生，絶者不可復續，誰不愛其性命，又誰不愛其肢體髮膚，吾爲民父母，奈何淫刑以逞乎？今後各有司，非人命盜情、推刑不吐者，不得一概濫用夾拶，致傷民命。違者，定以酷論。其佐貳首領，尤不許輕用夾拶。重大事情應夾拶者，呈堂官親問。如有私置擅用，掌印官之不能鈐制佐領可概見矣，定以罷軟論。

上段是訓廉：百姓一絲一縷來之不易，關係到身家性命。如果濫用審案職權，明取暗奪，敲詐賄賂，一是造成百姓家破人亡；二是玷污名節，一旦敗露，身破名裂；三是貪得無厭，神鬼也不能饒恕。想到這些，爲官者務須猛然醒悟。

暮夜之金，指暗中行賄，漢代楊震任州刺史，舉王密爲縣令，王夜攜金送楊，説：『暮夜無知者。』楊説：『天知神知，你知我知，何謂無知！』王密羞愧而出。事見《後漢書·楊震傳》。鬼瞰其室，成語，謂鬼神在窺望顯達富貴的人家，財富滿盈，將遭禍害。語出揚雄《解嘲》。

下段是謹刑：刑罰的目的，衹是爲了張揚國法，起到殺一儆百的效果，因而要恩威並用。如果逞威而掩恩，爲私利而用刑，便是傷天害理。死者不可復生，斷者不可復續，務須愛惜生命，慎用刑罰。若是濫用『夾拶』酷刑，致傷民命，定以酷吏論處。若是所屬直接執法人員擅自動用酷刑，衹能説明掌印的守令失職，定以軟弱疲沓、不能勝任其職而論處。

兩段約言之後，還有一句總結性的話：以上所説防止貪賄、酷刑兩事，其實都是老生常談，總不外乎是天理良心，希望大家深思啊！

正文之後有款曰：巡按山西、監察御史李若星撰發，臨晋縣知縣楊名顯勒石。

李若星，河南息縣人，萬曆三十二年（一六〇四年）進士，由真定知縣任上升監察御史，派爲山西巡按，其職責除管轄山西各府州外，還協管直隸兩個府，以及京師的左軍都督府、錦衣衛等機關，直言彈劾貪官，時有清廉名聲。天啓年間，升任大理寺右少卿，相當於最高法院副院長，負責審核江西、陝西、河南、山西、湖廣、廣西、雲南七司道的刑事案件，後出任甘肅巡撫。因向皇帝揭發魏忠賢的惡行，被魏黨打擊報復，罷官、下獄、受杖刑，流放到邊遠的廉州。崇禎元年（一六二八年）得到重新起用，進秩二品。晚年曾總督西南軍務，兼貴州巡撫，明朝末年戰爭中身亡。縱觀李若星一生行跡，可知他忠耿正直，言行一致。並不像許多達官那樣，說的一套、做的一套，慣用大話訓教下面，自己卻貪贓枉法。李若星巡按山西所撰發的約言，言辭懇切，發人深省，而又能以身作則。

知縣楊名顯，生平不詳，他將約言刻石立碑，意在自警，大概也是一名好官。碑上的字應該就是楊名顯的書法，寫得相當精到，結字精緊內斂，運筆平正穩健，出自歐體的謹嚴楷法。

柏楊著《中國人史綱》說：明代是一個使人作嘔的王朝，是一個漫長的宦官時代，是一個大黑暗時代。確實如此，就在李若星巡按山西、撰發約言的那個萬曆年間，明神宗怠於政事，耽於玩樂，揮霍奢靡，又極度殘暴。貪腐酷刑現象的根源，其實就是那種絕對的專制制度。柏楊寫到崇禎皇帝用嚴刑峻法制裁貪官污吏時，曾說：明政府已失去肅清貪污的能力，因爲貪污的根恰恰就是皇帝自身，殺的貪官越多，貪污反而更熾。

然而，在那個令人作嘔的明王朝，卻也有一種奇異現象。雖然朝政極端昏憒，總有一些鯁直人士挺身而出，與宦官、佞臣做鬥爭，爲天下鳴不平，而不懼酷刑和屠殺。雖然科舉制度成爲知識分子的牢籠，嚴重扼殺了自由思想，卻也涌現了不少重名節、守正道、恤民情的清官循吏。所以不能把中國傳統文化一味説成『醬缸』。李若星在山西頒發《訓廉謹刑約言》，就是大黑暗中的一綫明輝，大渾濁中的一縷清氣。

《訓廉謹刑約言碑》拓片局部

喬宇篆書諭祭碑

在襄垣縣蕭家垛村，友人帶我去看過一處明代古墓遺址。墓已平，田野中散立着幾通石碑。前有石闕，題爲『劉氏先塋』。

襄垣劉家在明代顯貴一時。據《山西通志》載：劉潔，景泰庚午（一四五〇年）舉人，官至廣東道監察御史，著有《一庵集》。子劉鳳儀，弘治庚戌（一四九〇年）進士，官至刑部員外郎。鳳儀兩子，劉龍，弘治十二年（一四九九年）進士（探花），曾爲皇帝的經筵講官，官至南京吏部尚書，卒贈太子太保；劉夔，正德庚午（一五一〇年）、辛未（一五一一年）聯捷，選翰林庶吉士，官至御史，巡撫保定，著有《黃巖集》等。

瀏覽過此墓地的石碑，其中一座篆書碑使我很感興趣，囑友人幫助拓了一份。劉鳳儀父子的神道碑，按慣例衹有碑額用篆書，碑文則是楷體。這座篆書碑不是神道碑，按照現在的説法就是一個紀念碑，是嘉靖元年（一五二二年）爲紀念劉鳳儀夫人張氏而立。明代規定，凡文官正、從三品，祖母、母、妻各封贈淑人，張氏因而受贈。山西布政司官員遵照嘉靖皇帝的聖諭而前來祭祀淑人，稱爲諭祭，因而此碑可稱『嘉靖諭祭碑』。

諭祭碑的主文，是代表朝廷説話，是皇帝褒揚淑人的話。首先説張氏具有美好的品德，夫婦恩義相敬，相得益彰，對内樹立了婦道風範，在外博得了官家聲譽。然後説其長子劉龍、季子劉夔，後起之秀，富有才幹，這是母範育教的結果。尤其贊揚劉龍爲皇帝進講，能够竭誠開導，使『朕心』多受『啓沃』。可見嘉靖諭祭張氏，實際是給予劉龍的榮寵，所謂母以子貴。

此碑高四米有餘，除去碑額和碑座，正文的拓片高二米又四十四釐米，寬九十六釐米，文九行，共二百一十四字，全篇篆書。最後一行落款曰：『光禄大夫柱國少保兼太子太保吏部尚書太原喬宇篆』。

《山西通志》稱：喬宇，字希大，樂平人。祖父喬毅，工部左侍郎，父喬鳳，職方郎中，皆以清節顯。喬宇少學於楊一清，成化二十年（一四八四年）舉進士，復從李東陽遊。

樂平即今之昔陽縣，明代屬太原府轄。楊一清，明成化八年（一四七二年）進士，曾任山西按察僉事，升兵部尚書、陝西三邊總制、太子太師，博學有奇才。李東陽，明天順八年（一四六四年）十八歲中進士，明代中期的名臣，也是一代文人領袖，工隸篆書。喬宇出楊、李門下，少年即有文名，史稱他『詩文雄雋，兼通篆籀』。

初見喬宇書丹的篆書巨碑，我很驚訝。以前没有見過喬宇的書法，也没有見過明代人寫得這麽好的篆書。明代帖學盛行，所見名家作品多爲行書、草書，篆隸罕見。縱然有篆書，無非是學李斯、李陽冰一路的玉箸法，氣韻卻不可與斯、冰比擬了。看到喬宇的篆書，讓人有異軍突起之感。他擺脱了玉箸法那種用筆瘦細、綫條平匀的寫法，改變了篆書結字上密下疏、直畫垂針露鋒的面目。喬宇筆下的篆字顯得豐腴、圓潤、雍容、茂美。難能可貴的是，雖豐腴圓潤，而並無臃腫之感，豐腴中有骨氣，圓潤中有生氣；雖雍容茂美，而絶無俗媚之病，雍容中有靈秀氣，茂美中有古樸氣。通篇布局有致，字形大體依據秦篆、《説文》，入規出矩，凡重複出現的字則參用籀文異體，或是筆畫稍作變化。上下字間也以筆畫的微妙變化而形成呼應，避免了整篇篆書通常會有的那種板滯不暢之病。站到這座碑前，讓人覺得心靈頓然被吸引，那裏有着一種沉凝含蓄而又恢宏的藝術魅力。書法界一直以爲明代没有篆書大家，直到清中期篆書才得到中興，如果看了喬宇的篆書，書法史上大概需要增修一葉了。

喬宇歷成化、弘治、正德、嘉靖四朝，宦海四十餘年，官至吏部尚書，立身正派，諫争有名，家居澹泊，服御若寒士。他的書法中凝結着深厚的學養，也體現着他敦雅篤誠的人品。

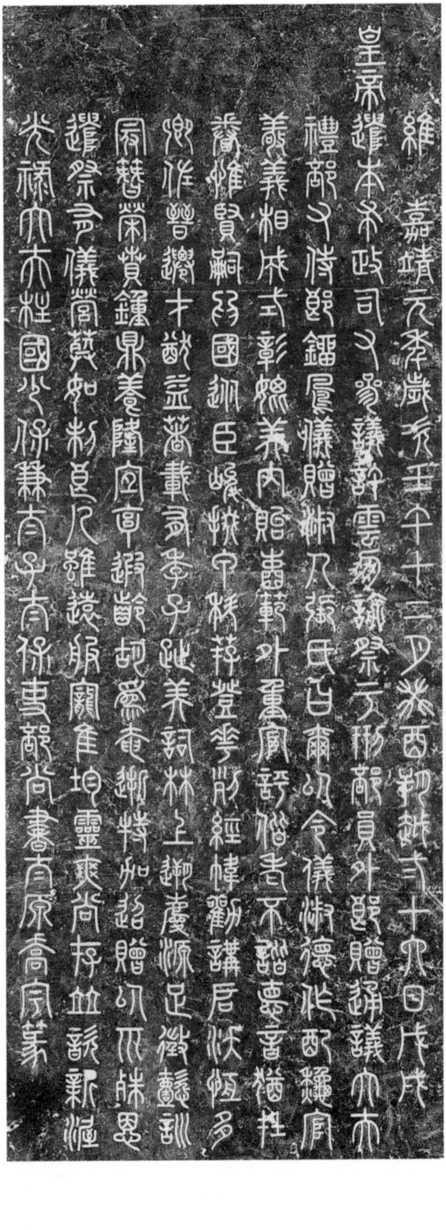

《喬宇篆書諭祭碑》拓片

禮部之侍郎鎺義美相成式彰蕎雄賢嗣庫行國

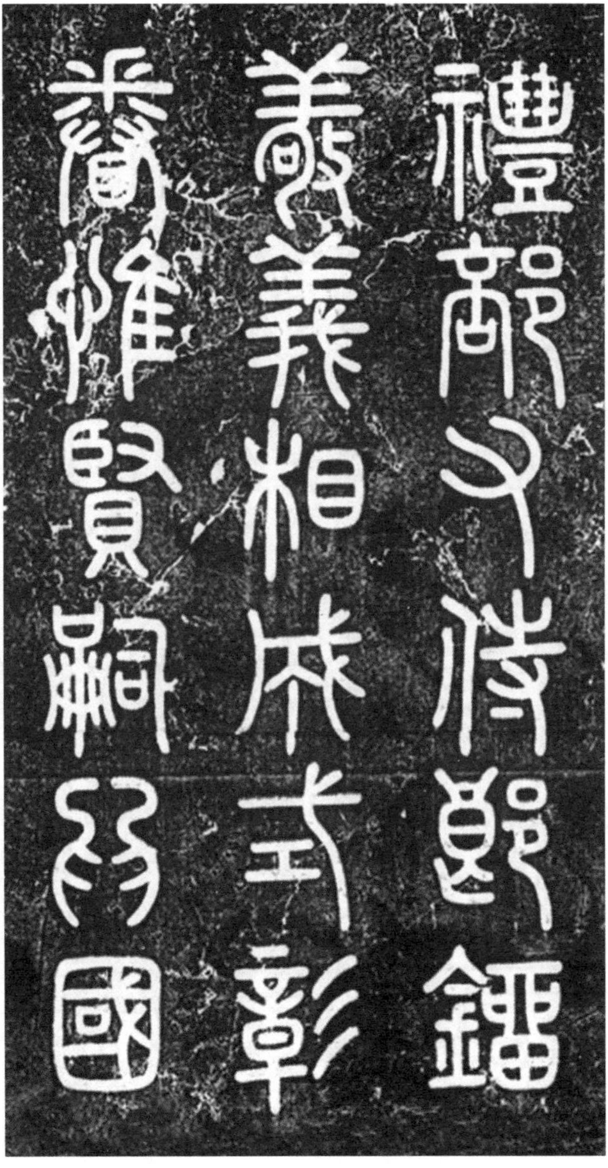

《喬宇篆書諭祭碑》局部

遵祭祀儀爲蒸嘗
同蓋閑賞鐘鼎
御作曾孫十畝

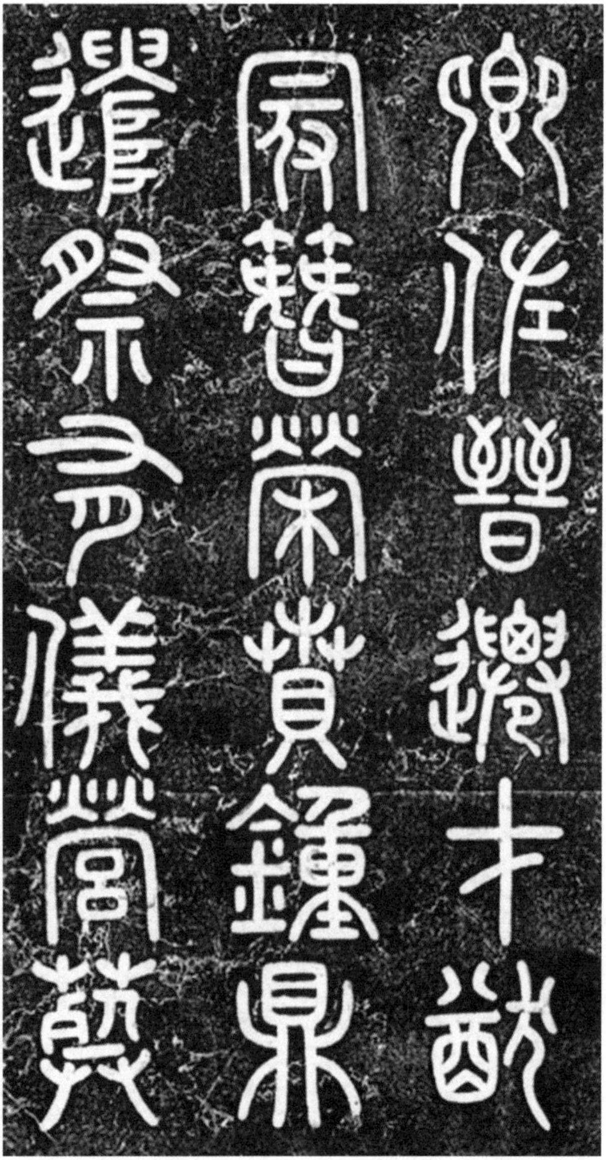

孟者載司季子
養隆宮章趙齡
如材真久雖遠

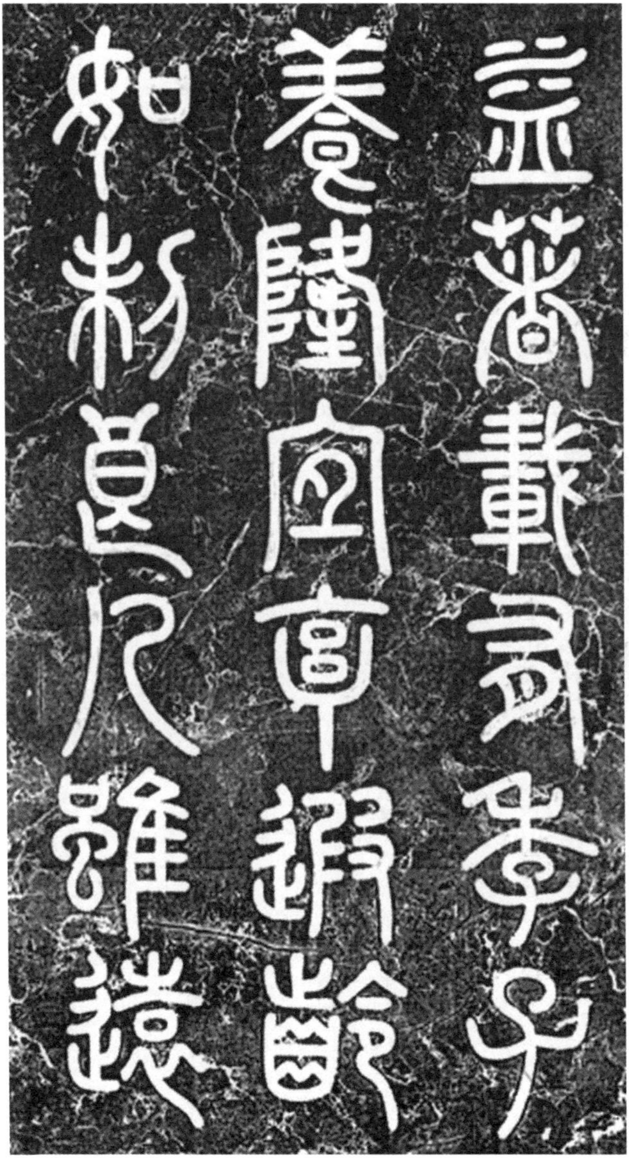

傅山與《郭有道碑》

《郭有道碑》或稱《郭林宗碑》，東漢時蔡邕撰文並書，立於介休縣境內。至北宋，原碑已經毀滅不存。清代重刻，傅山寫了《書補郭林宗碑陰》。文中寫道：

> 吾家世習漢隸，間嘗與息眉、孫蓮蘇，各以其手法書一本，藏於家。會介人士磨石要書，老人不復能俯石上受苦，爰以家本令蓮蘇雙鉤，過之石上。石工初鑿有畫，而屬離石王生良翼，對本修之。豈敢唐突中郎，聊以補晉金石之缺爾。

這裏説得很清楚，傅家有三種《郭有道碑》的寫本，分別爲傅山、傅眉、傅蓮蘇三代人所書。下文還説道：『吾模擬百石卒史。眉得泰山太守處多，亦間作梁鵠方嚴體。蓮蘇專寫淳于長，略得其疏拙之似。』可見祖孫三代的隸書各有所本，傅山臨摹衆碑，兼取百家；傅眉學《孔宙碑》及東漢書法家梁鵠；蓮蘇專寫淳于長《夏承碑》。

一向認爲《重刻郭有道碑》是傅山所書，但上述蓮蘇據『家本』雙鈎上石，並没有指明是三種家本中的哪一個本子。如果説重刻碑文就是用了傅山本，爲何不落『傅山補書』的下款呢？由『王生良翼，對本修之』『豈敢唐突中郎』等語可知，上石文字極爲審慎，有力求對原作者蔡邕的尊重之意。我以爲補書碑陰既説到三種家本，極可能是兼取三本擇字聚珍而成，而且在雙鈎中應該是更多地體現了蓮蘇自己的筆法。再從《重刻郭有道碑》拓片來看，文字經過精修，顯得圓熟而謹嚴，很少能看出傅山恣肆變化的隸筆。與他的《不爲大常住勖哉之碑》比較，書風亦大有差異。

介休的郭有道墓，被列爲省級重點保護文物。清代重刻的碑，據説『文化大革命』時被用來架石橋了，今收藏入介休博物館。碑額已不存，碑文大體完好，而且早年的拓片幸得傳世，業經翻刻一石立於太原傅山碑林。

瀏覽傅山碑林，可知傅山傳世書法作品其實不算很少。然而，傅家《郭有道碑》的三個家本，難道一個都没有留下來嗎？這不啻是一個值得提出的疑問。

某次在京，得暇過琉璃廠，見朋友店中收得傅山隸書册頁。此册綉圖錦緞裝面已很陳舊，小有破損，内頁紙墨老化已甚，予人滄桑感，顯是古物。書寫内容正是《郭有道碑》，引首有篆書『郭有道先生碑銘』七個大字。正文隸書頗拙率，後面落『太原傅山補書』款，鈐有小印。

這一册頁，是否就是當年傅山的家本呢？我滿懷興致，取了册頁與《重刻郭有道碑》的拓片進行比對，結果看出兩者既有相近處，又有異同處。顯著的異同處，舉例如：拓本『界休』，册頁爲『介休』；拓本『器量弘深』，册頁爲『器量洪深』；拓本『砥節厲行』，册頁爲『砥節礪行』；拓本『考覽六經』，册頁爲『考覽六藝』；拓本『景附』，册頁爲『影附』；拓本『鴻厓』，册頁爲『鴻崖』；拓本『光燿』，册頁爲『光曜』，等等。這些異同處反而可以説明，册頁絶不是故意作僞，而且册頁書寫時間應在《重刻郭有道碑》之前。如果故意作僞，如果在刻碑之後作，必會盡力仿碑，當然就不應該有如此多的差異。

《重刻郭有道碑》既不應認定爲傅山手書，而這一册頁又是寫在刻碑之前，並非故意作僞，它是否就是傅山真跡便值得斟酌。我以爲有三條理由可以作爲佐證：其一，册頁書寫老健，拙樸奇崛，筆下自有天趣，隸法略似《夏承碑》。傅山曾經反復臨摹《夏承碑》，傅眉也説過傅山寫郭有道碑採取了淳于長法。其二，册頁中某些字書寫異常，正是傅山善用奇古字的作風。例如：拓片『牆』字，册頁作『廧』；拓片『聞』字，册頁作上『米』下『耳』；拓片『絶』字，册頁用古字寫法，即四個『幺』加右半框；拓片『置』字，册頁寫法是將上部扁『四』的左右竪筆拉到底，與『直』的下端横筆構成方框。其三，據《書補郭林宗碑陰》説，傅山曾從汾陽孝廉曹偉處得到過一件補書本，不知何人所書，

『前篆書頗可，而碑字陋甚』。從册頁引首的七個篆字來看，或許就是傅山參照曹偉處本所篆，彷彿《嶧山碑》，行筆大氣而有秦刻風範，與傅山傳世小篆作品五言詩《北斗掛城邊》的筆法一致，其功力之深非他人可及。

我初見這一册頁時，看到其文結尾處有『大漢建寧三年庚戌春三月既望勒石』一句，顯然不是原撰文句，『勒石』應屬衍文，因而令人生疑。但又以爲，衍文應是汾陽曹偉處本有之，傅山不過『立此存照』罷了。傳世三百年真跡，當爲藝林珍賞。

《郭有道碑》册頁引首

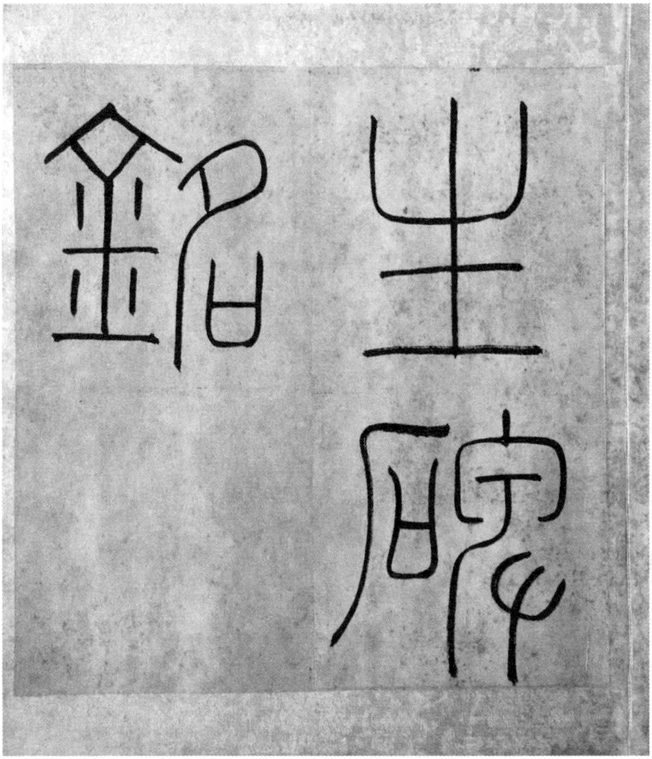

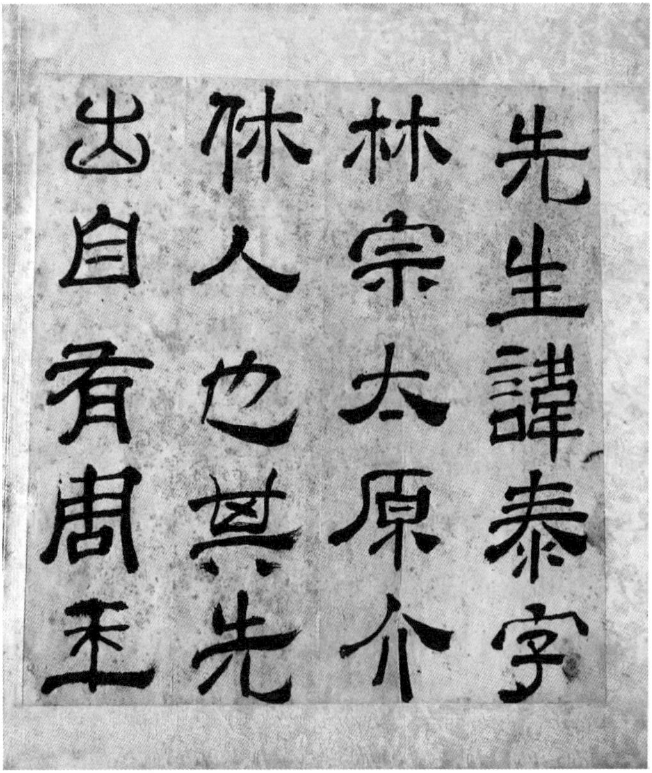
先生諱泰字
林宗太原介
休人也其先
出自有周王

《郭有道碑》册頁局部

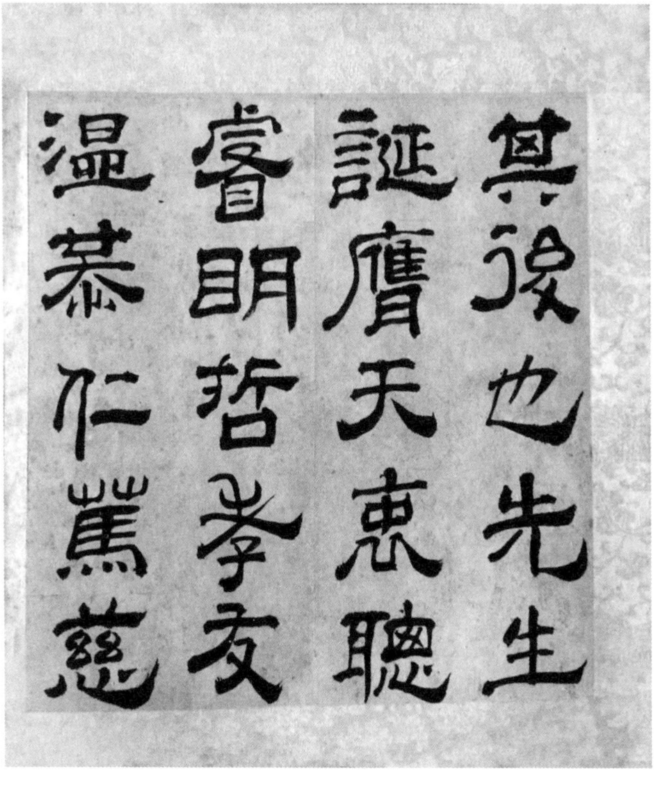
其後也先生
誕膺天惠聰
睿明哲孝友
温恭仁篤慈

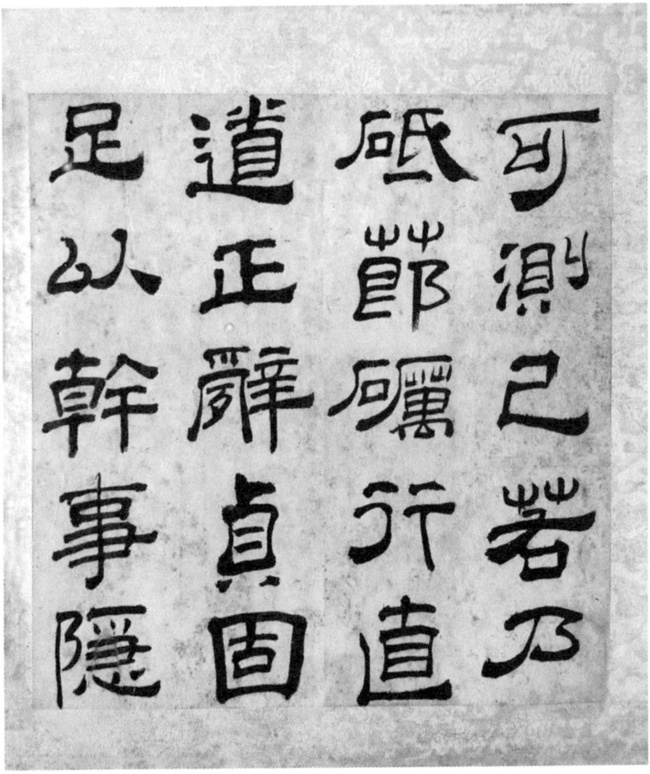
可測已若乃
砥節礪行直
道正辭貞固
足以幹事隱

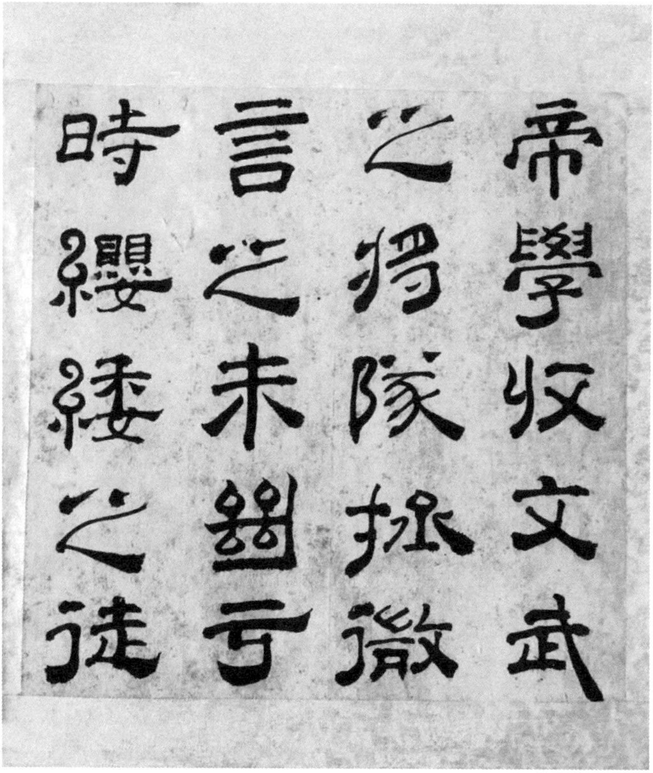
帝學收文武
之將隊拯微
言之未絕兮
時纓緌之徒

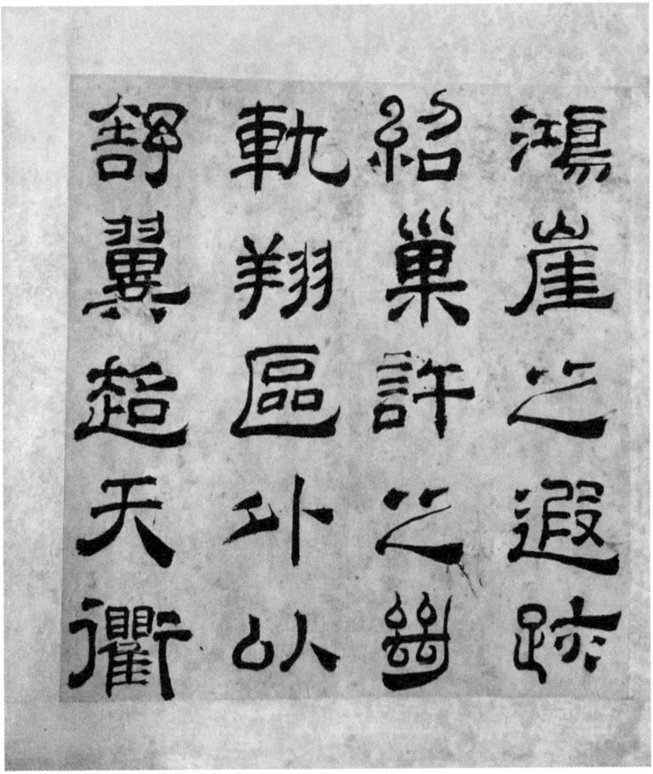
鴻崖之遐跡
紹巢許之絕
軌翔區外以
舒翼超天衢

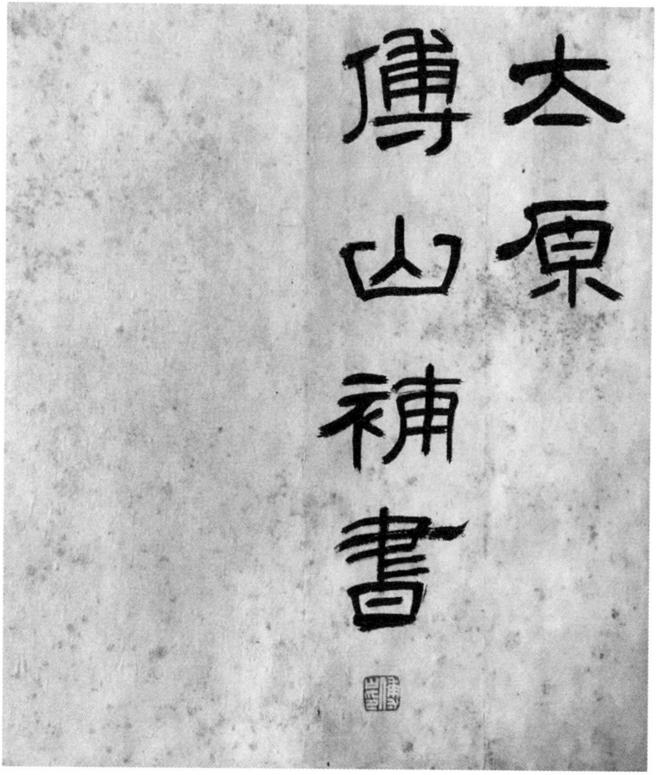

傅山款識

寶賢堂的故事

太原有星期日古玩市場，我閑逛間，買過一些古舊字帖，或是古碑的拓片。其中有幾件頗覺珍貴者，得來卻如拾芥，讓人不勝欣幸。譬如《古寶賢堂法書》，玩觀之餘，查閱了寶賢堂的相關資料，竟然覺得這是山西文化史上值得玩味的一段故事。

寶賢堂創始於晋王府。明太祖朱元璋封其第三子朱棡爲晋恭王，洪武十一年（一三七八年）就藩太原。傳至第四代的晋王，是朱鍾鉉。朱鍾鉉有子名朱奇源（死後謚靖王）。朱鍾鉉見其子喜好書法，便命他搜集古今法書刻帖。正是這位世子朱奇源，於弘治九年（一四九六年），擇取《淳化閣法帖》等古帖，及當時的名家法書，摹勒數十家，成爲一部十二卷鉅册的傳世法帖，名之爲《寶賢堂集古法帖》。

朱奇源造詣不凡，刻帖極爲成功。傅山説過，《寶賢堂集古法帖》是古法帖中的上品，所勾勒二王的法書尤爲精妙。

這部法帖的刻石，原安置在晋王府的寶賢堂中。寶賢堂毁於明朝末年戰亂，刻石隨之散佚。據《太原府志》記載，原先殿宇鉅麗的晋王府，經過闖王李自成劫掠之後，歷代所積蓄的圖書玩好蕩然四出，毁裂焚棄已十之六七。李自成收降的明將領陳永福，隨後占據了晋王府。他的左右在府中亦多攘竊，把《寶賢堂集古法帖》帖石打斷做了馬槽。清兵攻占太原，陳永福逃遁，王府一度封鎖。不料順治三年（一六四六年）四月夜間突遭大火，烈焰燭天，宫殿化爲灰燼，留下一片瓦礫敗物。

順治十六年（一六五九年），任太原府尹的宗彝，是一個風雅好古的人。他從斷壁頽垣中搜尋到二十多塊寶賢堂石刻，然後在府衙的後園中，構築了三間高大壯觀的廳堂，把搜撿的石刻鑲到壁上，沿用舊稱，仍然名之爲寶賢堂。

宗彝任府尹之時，山西巡撫是白如梅。白如梅撫晋六年，遷山陝總督，康熙登基後，痛斥前朝貪污致富的大吏，其中有他。貪污自是專制主義下官僚通病，康熙懲治大吏不過是强化皇權的政治需要。順治年間，戰亂甫平，白如梅亦曾糾酷吏、拯灾民、修府城，在山西做了一些好事。當年太原没有一個像樣的書院，他在侯家巷購地新建書院，花費白銀二千一百三十兩，並用了原寶賢堂的餘料，建成院舍一百多間，名爲三立書院。書院中設立了三立祠，專爲紀念山西歷代立德、立功、立言的鄉賢名宦。白如梅説：書院是人文之地，寶賢堂的法書衹有安放在書院裏，才是一個合理的歸宿。巡撫這麼説了，知府自然服從，宗彝收集的石刻從此由府衙搬到了三立書院的三立祠。

康熙十五年（一六七六年），戴夢熊任陽曲知縣。他十分敬仰傅山的人品學問，與傅山交處之間，曾經共同致力於補刻《寶賢堂集古法帖》。經訪求藏本舊拓，延請擅長刻碑的段縡，勾補勒石五十餘塊，使十二卷原帖全本得以完善。

雍正年間，朝廷賜銀千兩增修書院，三立書院改名爲晋陽書院。三立祠中隨後增入了傅山之祀享。直到清朝末年，傅山完璧的法帖石刻也一直保存在晋陽書院。

當年白如梅將集古法帖的石刻遷往書院後，太原府衙修建的寶賢堂一度閑置。後任的太原府尹王民順，竟把該堂改爲真武殿，供奉了道教的玄帝。那個時代做到知府，怎麼也應該是孔孟弟子，奇怪這位王府尹偏是一個道家者流。真武大帝將寶賢堂佔據了整整五十年，一個書法文化的雅訓之所，倒成了做法事的道壇。

康熙五十五年（一七一六年），李清鑰來任太原知府。李清鑰此人，本身是一位書法家，更不信奉道教，他感到府衙内不敬别的神仙，單獨祭祀一個道門的大帝，有些不倫不類，讓人不知所以。他想恢復集古法帖的寶賢堂，但又一時不知該把玄帝請到哪裏去。某日他偶爾走到城隍廟，看到廟前臨街的真武閣是一個空樓，就向看廟的白髮老人問道：『閣中爲何没有神像？』老人答曰：『閣中原來有玄帝像，五十年前搬到府衙中了。』李清鑰恍然大悟，神像應該復歸原位了。他這才把玄帝像從府衙搬出去，請回了真武閣。然後取其家藏的古今二十餘位名家墨跡，請人刻成帖石，陳列於堂中，名之爲《古寶賢堂法書》。

因此，自李清鑰之後，有了兩種寶賢堂法帖。朱奇源原刻、傅山補全的《寶賢堂集古法帖》，置於晋陽書院，俗稱《大寶賢堂》；李清鑰所刻《古寶賢堂法書》，置於太原府衙，俗稱《小寶賢堂》。《大寶賢堂》經過歷年增補，刻石積至一百四十多塊，《小寶賢堂》原刻四十八塊依然如故。

到了光緒年間，張之洞任山西巡撫時，將太原府衙後院的寶賢堂改建爲令德堂。嗣後擴建令德書院，令德堂改造爲四徵君祠，祭祀鄉賢傅山、閻若璩、范鎬鼎、吴雯四人。《小寶賢堂》法帖，也就成了四徵君祠的寶物。

進入民國，時代巨變，晋陽書院的三立祠、令德書院的四徵君祠先後廢除。一九一七年，在東緝虎營修建了專門紀念傅山的傅公祠，閻錫山題匾額曰『塵表孤蹤』。自此，三立祠的《大寶賢堂》、四徵君祠的《小寶賢堂》，相繼移置到了傅公祠。

一九二〇年十一月，日本的佛教史踏查團來山西尋古，他們有記録説：『享有模範督軍美稱，因教育而聲名大振的閻錫山，兩年來熱心於古碑的收集，據説集中於傅公祠。』『傅公祠中，三面可見六朝唐宋時期所有名家之墨跡，做成碑刻大小嵌入墻壁者就有二三百之多，中庭置有八個六朝時期的碑幢，尤其中央之四塊很是有趣。據守兵言，若無督軍府許可，不得拓印。經極力争辯，方得許可，拓印其中之六塊，甚是高興。』日本人如此艷羨山西的碑刻，淪陷時期不免遭其掠奪。歷經戰争之後，法帖尚有大部存世，也許是有賴於傅山先生在天之靈的護佑吧。

傅公祠後來括進了山西省政協機關的大院中。隨着該機關大院的改造，近二百塊石刻於一九八〇年遷到永祚寺，嵌於該寺廊壁至今。

我手邊的《古寶賢堂法書》，即《小寶賢堂》，爲李清鑰所刻的初拓本，小有殘損。讀其内容，弁首爲朱熹所書兩首絶句，前一首缺字，後一首爲五絶：『數日山中宿，人間别是天。神仙洞門遠，相與白雲連。』行書兼草，書寫十分大氣，足可見其運筆迅疾而又健勁瀟灑的才調，想必是李清鑰尤其喜愛，所以編次在前。接着是褚遂良録《戰國策》的一篇草書，及黄庭堅書《墨竹賦》的殘頁，有元、明名家跋語，無疑爲真跡。卷二之後，收有趙孟頫、唐寅、文徵明、董其昌及清朝數家書法，李清鑰屢加後跋，語多切當。其中晋世子草書，書寫五言律詩一首，筆意流利自如，應是寶賢堂主人朱奇源惟一的存世之作，亦值得珍賞。

賞讀書法之外，使我不禁感歎的是前賢們崇重文化的精神。李清鑰把殿堂中的神像搬走，安置了書法石刻，這在那種敬仙畏神的時代中，實在是一個了不起的舉動。我們常常自詡今日的文明與進步，但見不少地方衹知大修神廟，大豎神像，做了不少假骨董，而在真正的古跡保護方面卻是連一個清代的知府也不如。從朱奇源、宗彝，到傅山、戴夢熊、李清錀，因有他們酷愛文化的風流藴藉，才有寶賢堂的珍貴法書傳世。我們今天在研習賞愛前人書法作品的同時，都應當想到其流傳之不易，其中承載着中國讀書人篤好文德的一種不朽精神。

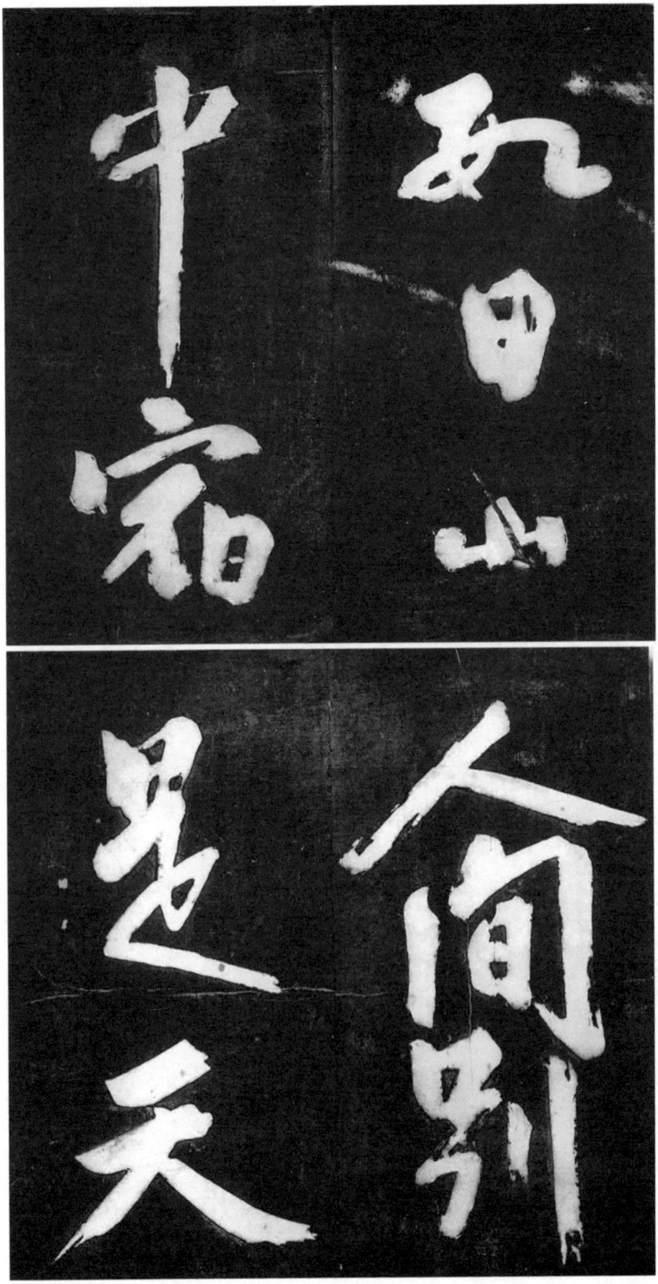

《古寶賢堂法書》中之朱熹書法

神仙悉與相
迥門弓白雲

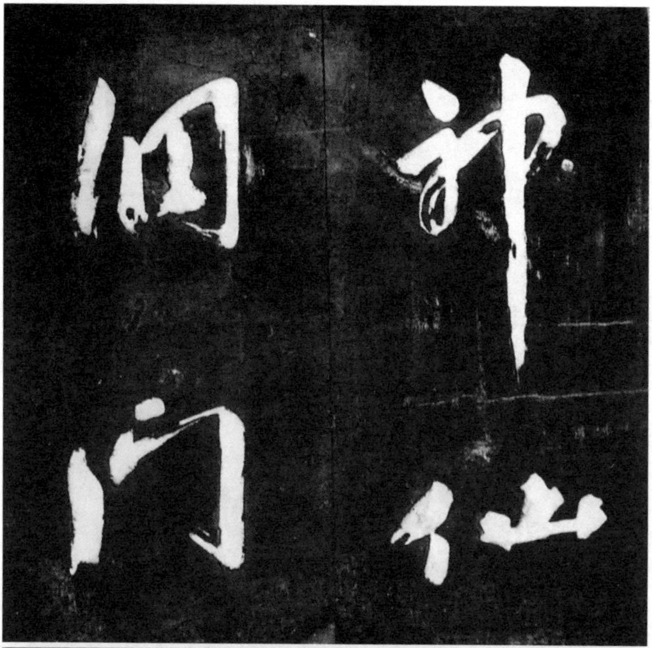

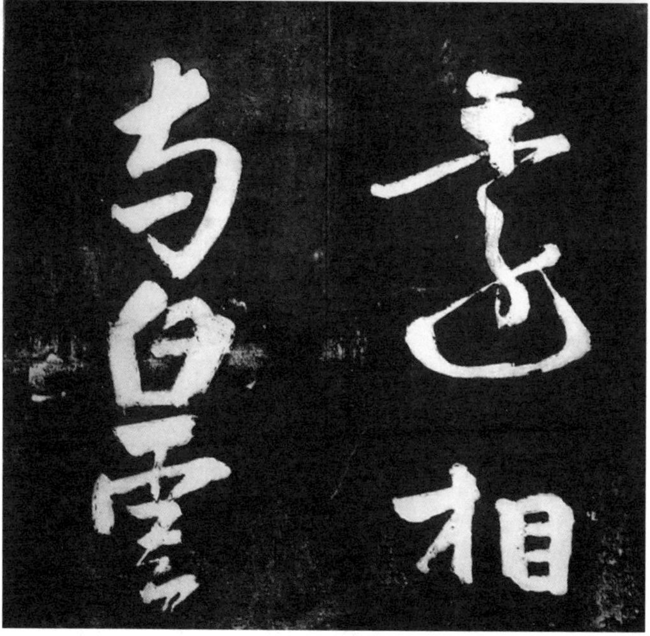

達
晦翁書

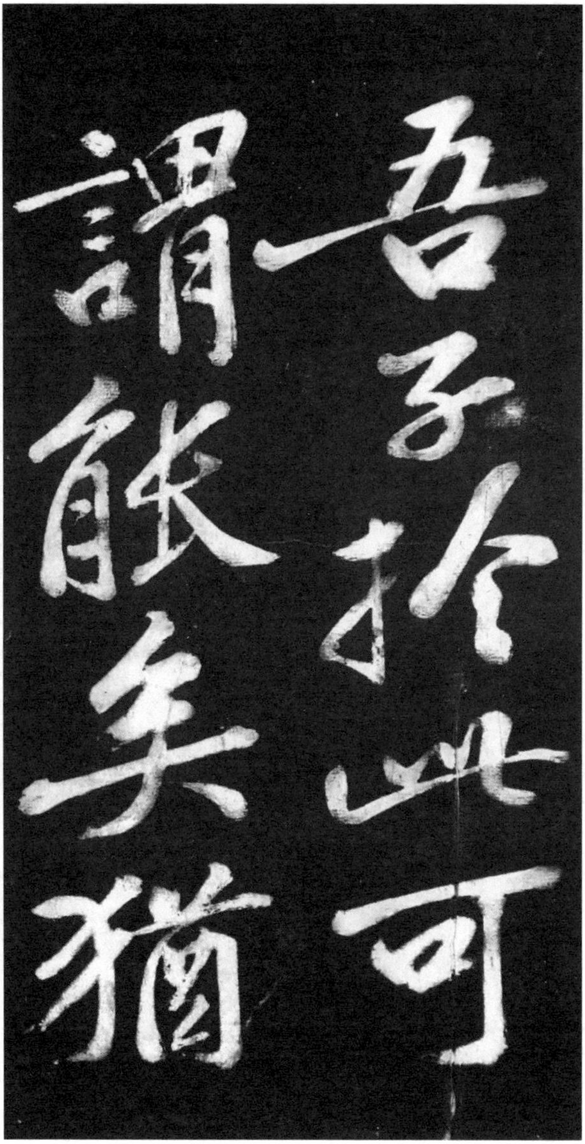

黄庭堅書《墨竹賦》殘頁

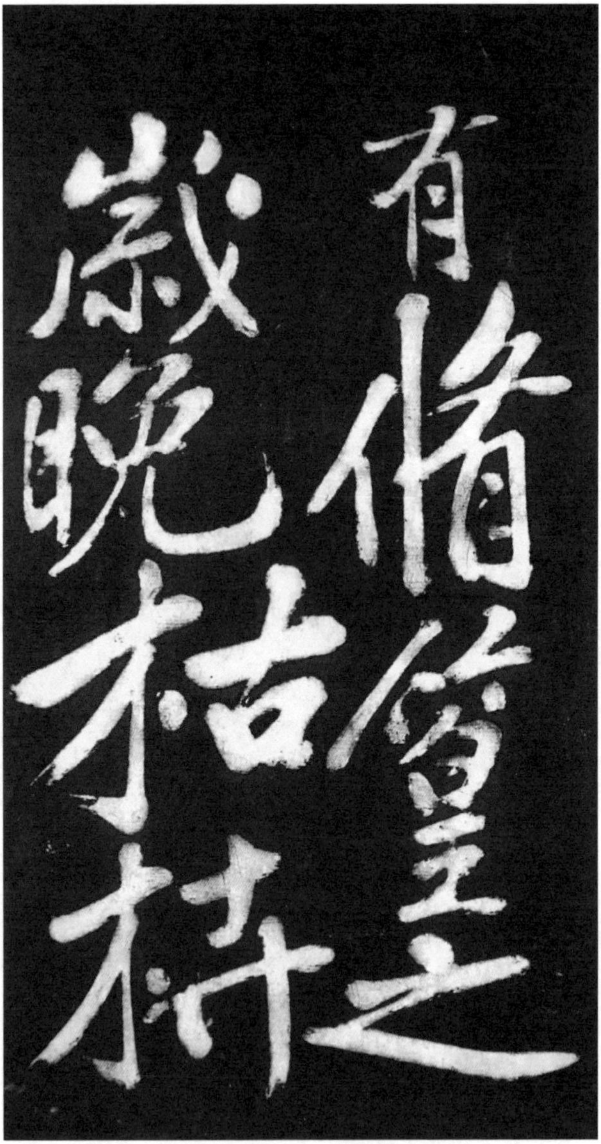
有脩篁之
歲晚枯樹

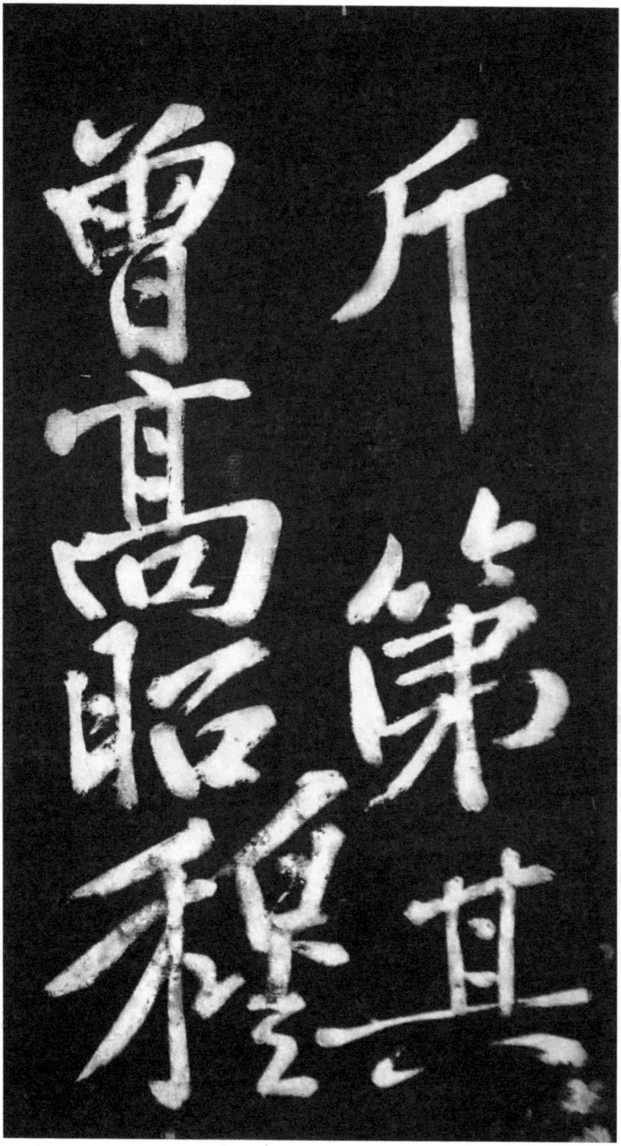
斤弟其
曾高昭程

識之之其體門

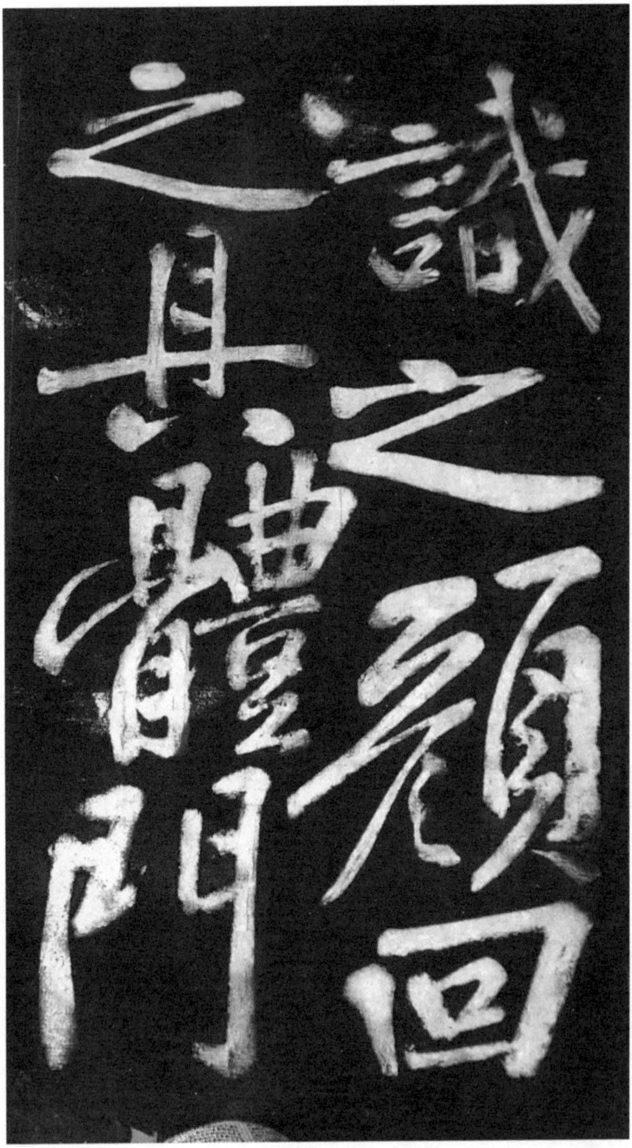

人不知
山谷老人書

肅府本《淳化閣帖》

北宋淳化三年(九九二年)匯刻的一部叢帖,即著名的《淳化秘閣法帖》,簡稱《閣帖》。該帖編次爲十卷,前五卷包括歷代帝王法帖、歷代名臣法帖和諸家古法帖,後五卷是王羲之、王獻之的墨寶。所謂『册府流傳,藝林珍秘』,後世宗爲法帖之祖。

《閣帖》刻成後,北宋朝凡有大臣進登内府者,可以得到欽賜拓本一部。但原刻棗木版,未久即已毁去。歷經滄桑,那些受賜大臣遺留的拓本大都灰飛煙滅,極少有宋刻本存世。據《潛研堂文集》所載《賜淳化閣帖折》云:『惟畢士安之賜本,爲蘇子容之家藏,紙墨無雙,品題第一,久列石渠之寶笈。』畢士安是北宋代州人,淳化翰林學士。蘇子容即蘇頌,元祐年間拜右僕射兼中書門下侍郎。今故宫博物院藏有宋刻本,即應是蘇頌家藏本。

宋刻本除了博物院所藏,大概已經踏破鐵鞋無覓處了。世面上見到的《閣帖》,無非是後人重刻。明代肅王府遵訓閣刻本,屬於重刻本中聲譽較好的一種。『肅府本』自萬曆四十三年(一六一五年)開雕，至天啓元年（一六二一年）完竣，共刻五套，據説西安碑林存有兩套。

我購到的《閣帖》，每卷末有照摹宋本的篆書年款，曰『淳化三年壬辰歲十一月六日奉聖旨模勒上石』，並保留有原始卷的版號。雖無明代重摹的年款，屬『肅府本』無疑，因爲卷末有肅恭王的題跋。從拓字的清晰程度看，應是早年拓本，或明末，或清初，十卷完整無缺，保存有方，品相甚好。值得珍重的是，每卷封面有周伯敏題字的籤條。首卷題曰：『淳化閣法帖第一，周伯敏，廿七年九月。』第六卷題曰：『淳化閣法帖第六，伯敏爲禮卿同志題。』各卷題籤分别鈐有『周伯敏印』『伯敏印信』『伯敏之鉥』『關中周氏』等印鑒。

周伯敏，陝西涇陽人，一八九三年生，一九六五年卒。他是于右任的外甥，畢業於復旦大學，書法得于氏嫡傳，民國時期頗有名望。帖籤是一九三八年『爲禮卿同志題』，而當年並不像後來我們大家都可以稱呼同志的，周伯敏彼時身份是國民黨中央執行委員，具有相當身份而互稱同志的那個禮卿，應該就是吴忠信。

吴忠信，字禮卿，安徽合肥人，一八八四年生，一九五九年卒。江南武備學堂畢業，先後在孫中山麾下及蔣介石南京政府事職。一九三八年任蒙疆委員會委員長，也是國民黨中央執行委員，當然有與周伯敏過從的機會。吴忠信愛好書法，字寫得相當不錯，收藏一部《閣帖》自在情理之中。一九四九年他去了臺灣，此帖未能隨身，無論何人收留，最終都可能流落到市場上。

周伯敏既是于右任至親，又任過于的秘書，但國變之際没有隨于赴臺，而是留在了上海，曾任上海市政協委員。

這部《閣帖》幸有周、吴兩家霑溉，因而覺得斐然增輝。

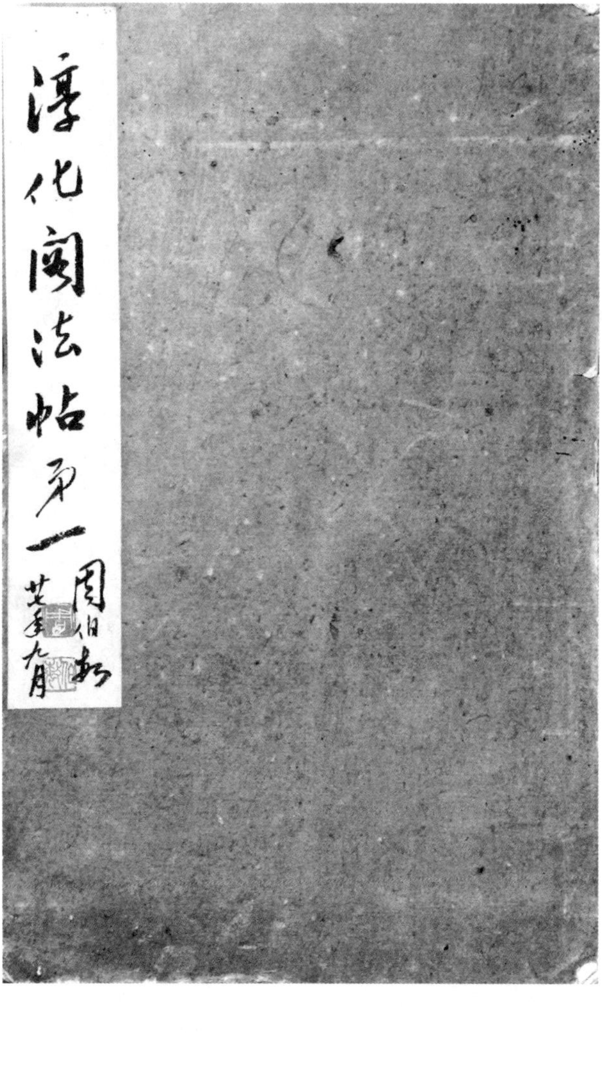

周伯敏题笺

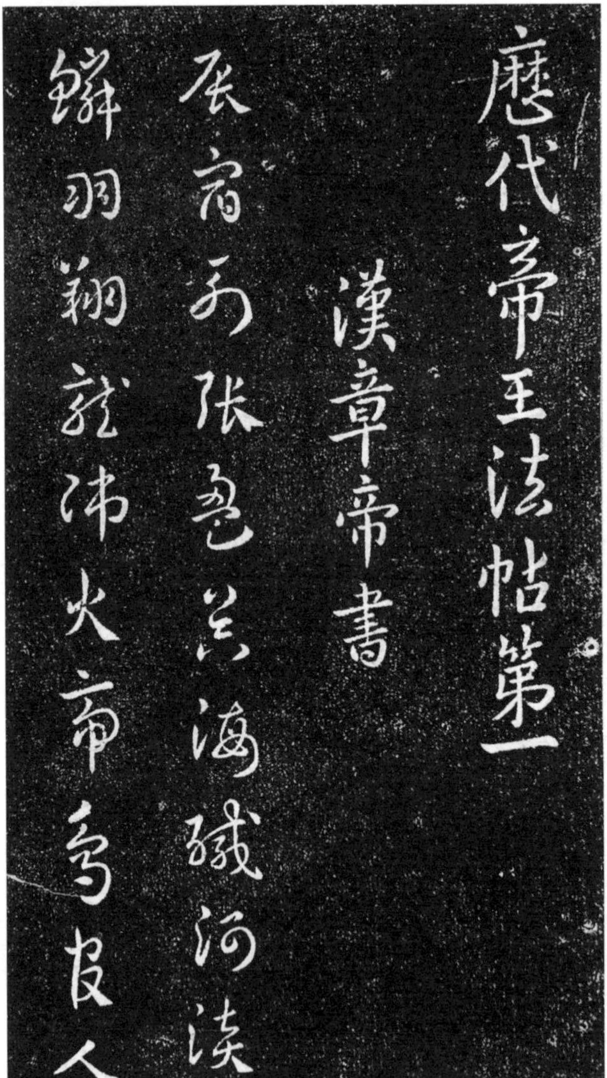
歷代帝王法帖第一
漢章帝書
辰宿列張薑芥海鹹河淡
鱗羽翔龍師火帝鳥官人

《淳化閣帖》首開

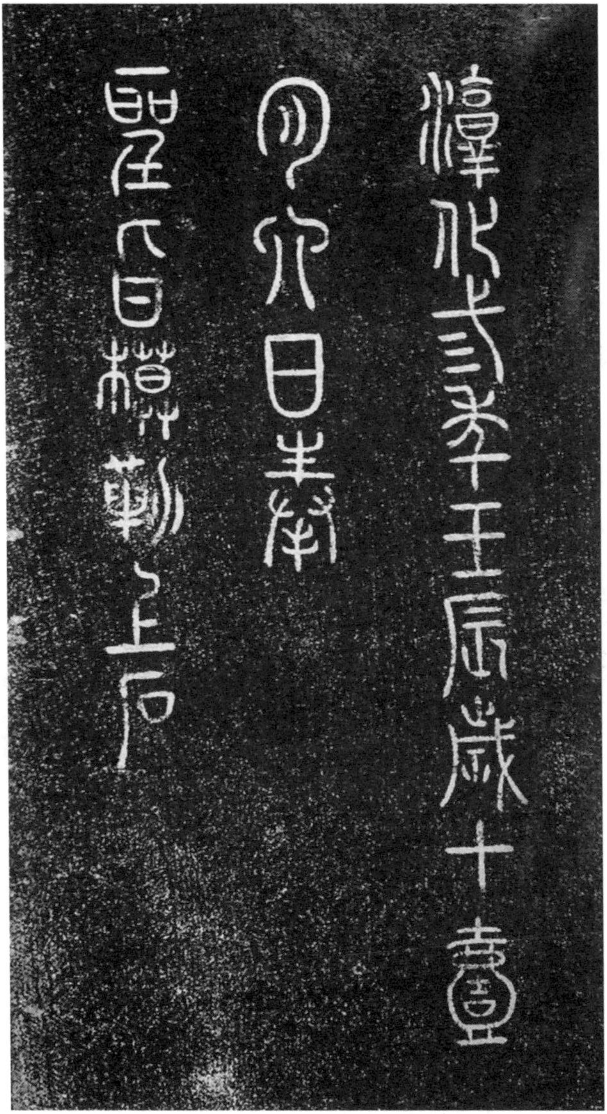

《淳化閣帖》摹原刻年款

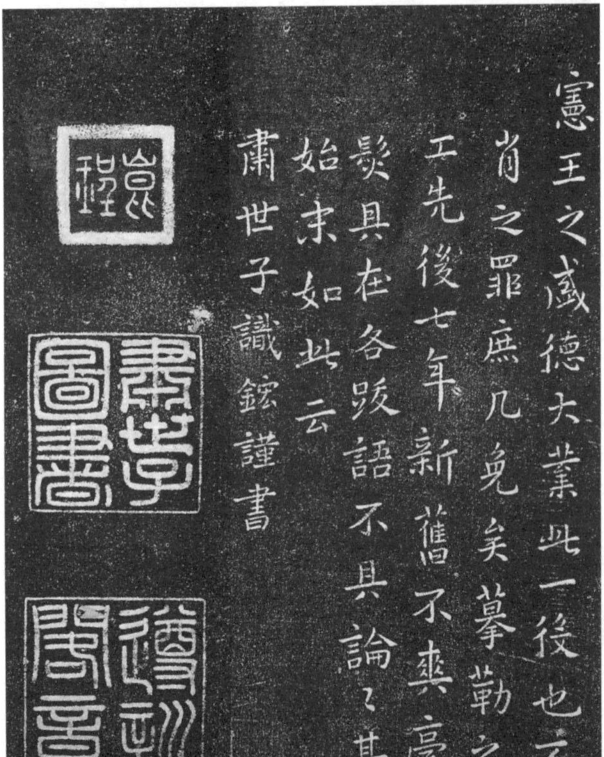
憲王之盛德大業此一後也不
肖之罪庶几免矣摹勒之
工先後七年新舊不爽毫
髮具在各跋語不具論ゝ其
始末如此云
肅世子識鋐謹書

《淳化閣帖》肅本款識

張照書《岳陽樓記》

張照是康熙四十八年（一七〇九年）進士，跨越了康、雍、乾三朝，其書法推爲一代翹楚。有評論稱他『天骨開張，氣魄渾厚，雄跨當代，深被宸賞』。康熙帝推崇董其昌，天下書家齊學董法。張照亦由董入手，但他的聰敏之處，不在於如何阿諛帝王，反而是從董其昌的羈縻中跳了出來，汲取了唐顔宋米的骨氣，所以才能『開張』，才能『渾厚』。

乾隆帝贊揚張照的書法，曾經寫過這樣的詩句：『書有米之雄，而無米之略。復有董之整，而無董之弱。羲之後一人，捨照誰能若？即今觀其跡，宛似成於昨。精神貫注深，非人所能學。』這就是所謂『深被宸賞』。皇帝説話是無所顧忌的，不喜歡誰便可以龍顔大怒，任意呵斥，喜愛誰又可以龍心大悦，隨興誇獎。乾隆給張照的贊語，有些過譽了，但張照確實也留下了若干傳世佳作。

我以前讀清代諸帖，對於張照印象不深。偶自市場上購到他書寫的《岳陽樓記》早年拓本，才使我大開眼界。拓本已裝成摺册，有『御題瀛海仙琴』引首印。除後款每一摺頁三字外，正文均爲一摺二字，一字十多釐米見方，堂皇大氣，風采媚人。逐字以觀，剛健中不乏婉秀，端整中時見靈動，字字沉着，通篇渾成。從摹刻和拓工之精良來看，應是原刻初拓，清晰雅潔，無異真跡。給我的感覺，彷彿好久没有遊玩山林了，突然發現了一個風景佳處，頗讓人流連忘返。

後來南遊岳陽，於名樓中看到了《岳陽樓記》的檀木雕屏。懸在二層正廳的字屏，名爲張照書，其貌也宏壯，而且還介紹有一段失而復得的蹊蹺故事。傳説在道光年間，江陵吴知縣盗屏回鄉，因翻船落水，有漁民打撈上來，曾爲學者吴敏樹購得。我對這故事頗有疑惑。吴敏樹在清同治時已離世，而據説雕屏是二十世紀四十年代始從民間收回，先生何不在生前完璧歸趙？略觀屏上的鐫字，神氣似欠足，骨力亦顯弱，與真跡拓本相比判若兩種面目，更何況不見有弁首的『瀛海仙琴』印記。

然而，旅遊匆匆，高屏在上，文字不能細審，更不能與拓本現場比照，豈敢貿然褒貶。時下風氣，遊人大多看熱鬧而已，書法家雖多，鮮有真正研究書道的學者，每見有名勝之地拿贋品來混充文物，也並不會引起什麽大驚小怪。我寫這種小文，不過閑餘之時，因爲有一點藏品而自愛罷了。

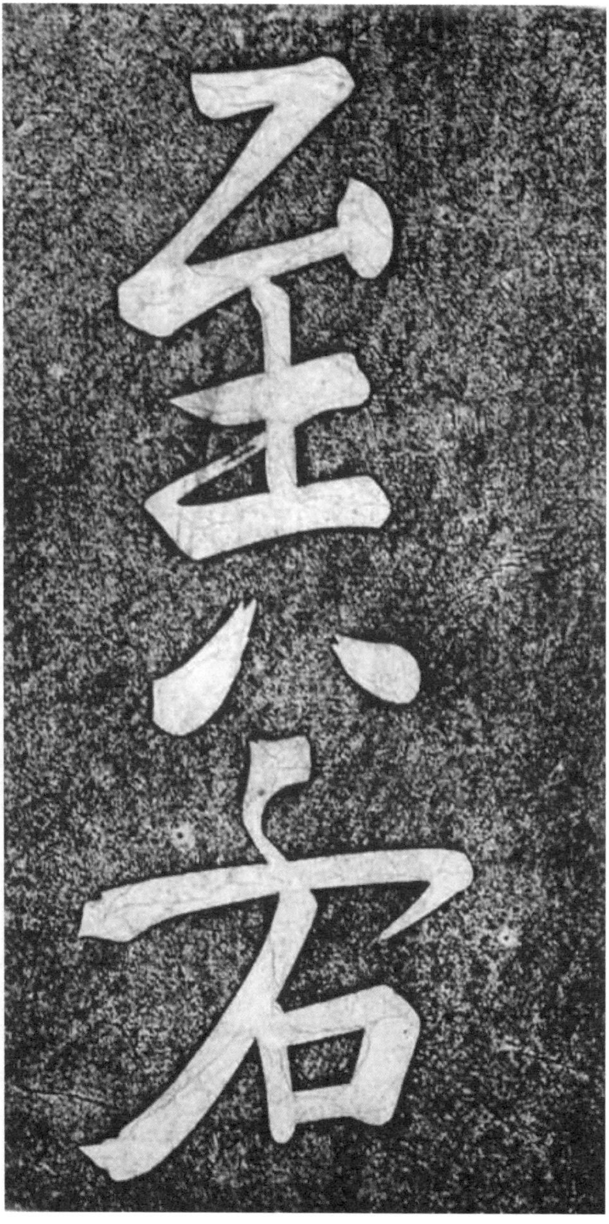

張照書《岳陽樓記》局部

春和

景明

波瀾

不驚

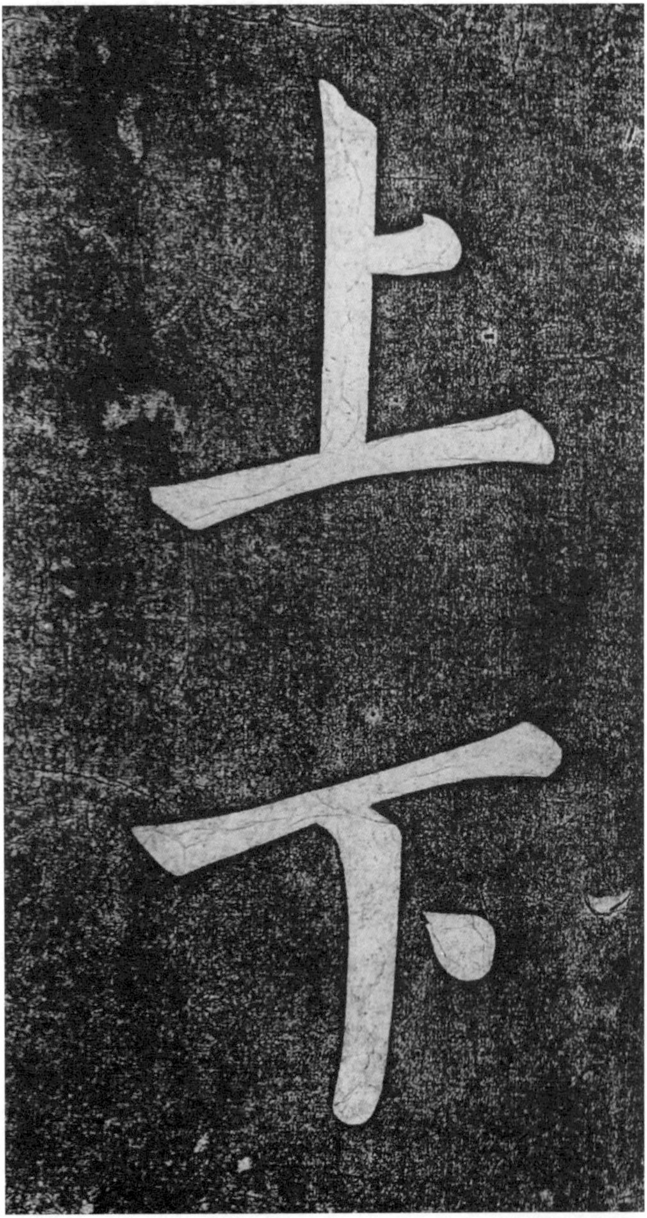
上下

天光

一碧

萬頃

沙鷗

翔集

錦鱗

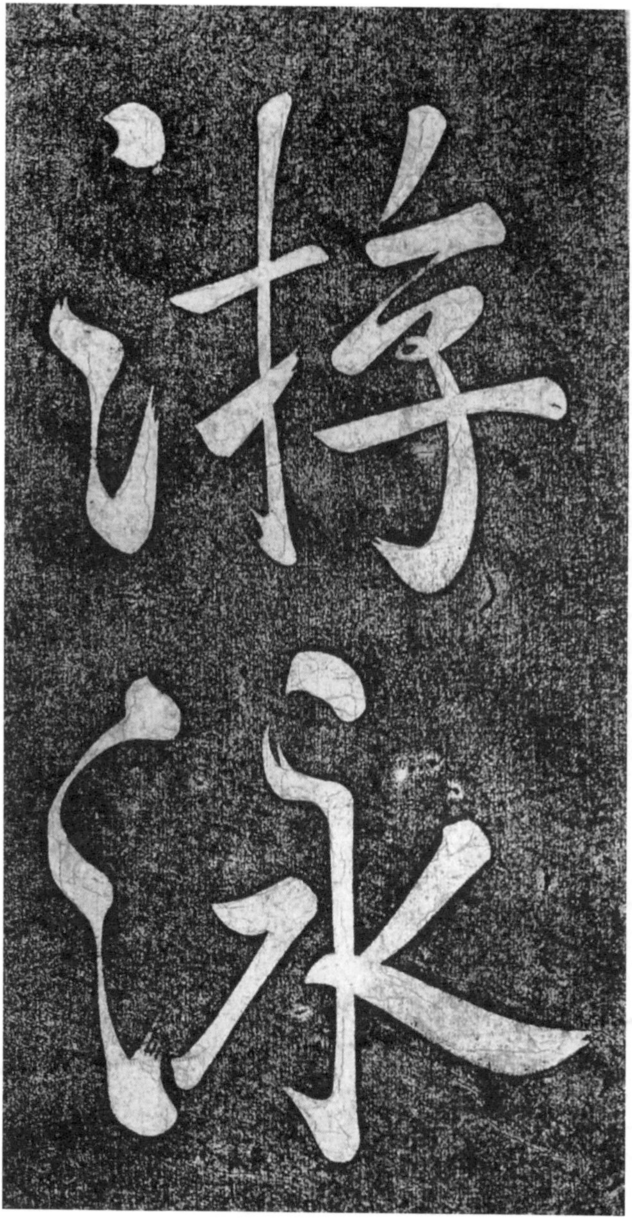
游泳

汀之闌

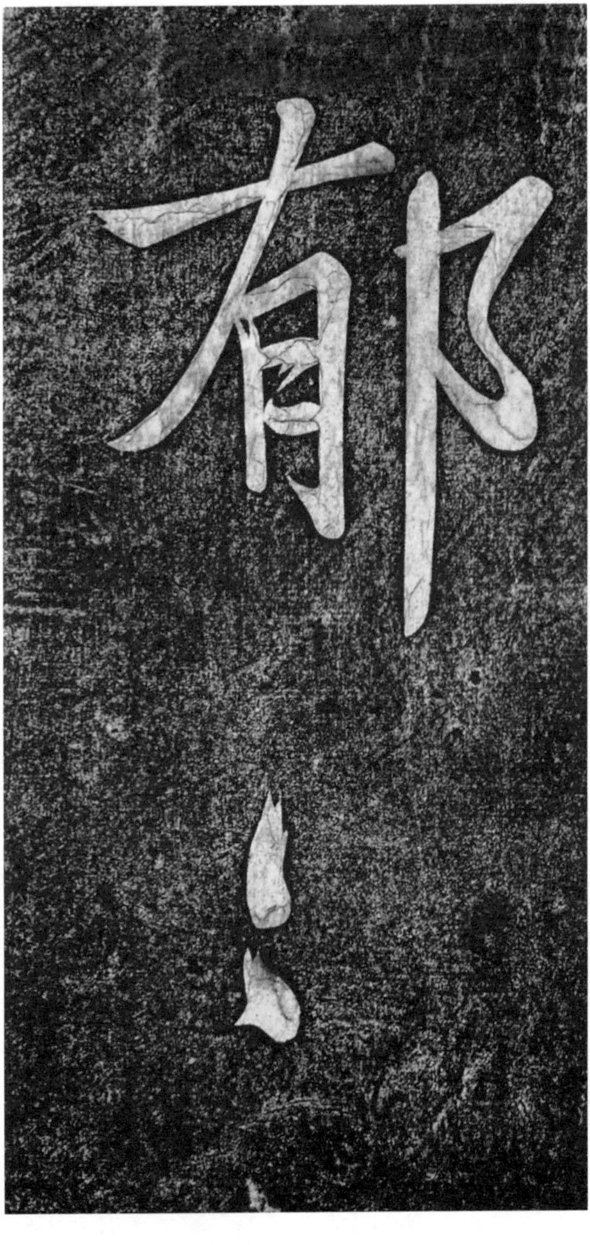
郁

青

甦道人墓志銘

生前預造的墳墓，叫作生壙，又稱生藏。古今作生壙是常事，但生前寫墓志、墓碑的似不甚多。唐朝的王績，絳州龍門（今河津）人，大哲學家王通之弟，曾爲自己撰寫墓志。王績的詩，代表着初唐一種渾茂風格，又生性嗜酒，有『斗酒學士』之稱，氣質彷彿陶淵明，作自傳文曰《五斗先生傳》。他預知自己的死期，囑薄葬，遂自撰墓志文。這種天性疏放的文學人士，畢竟鳳毛麟角。

現在要説的這個甦道人，本名顏懋同，是清朝中期人士。他的祖父、父親都在朝爲官，到他卻放棄科舉的路子，做了鄉村隱士。但他並不具有王績那種放浪的天性，而是另外一種憂勞憂生的文人。因爲大病一場，幾乎喪命，之後自號爲甦道人，喻更生之意。七十歲的時候，請朋友爲他撰書了墓志，銘刻爲碑，其文如下：

賜進士及第、翰林院編修、提督貴州學政、陽湖洪亮吉篆額。賜同進士出身、雲南永平縣知縣、同里桂馥撰文。賜同進士出身、翰林院檢討、大興翁樹培書丹。

余久遊於外，嘉慶元年冬歸里，旋往雲南。甦道人置酒送別，引杯見囑曰：『吾年七十，將就木矣，相知無如君，君又遠去，誰銘記吾墓者？』言與淚俱。坐客進曰：『道人既作生壙，盍先爲表？』余曰：『諾。』

道人家素饒，有田二十頃。諸兄繼歿，太夫人在堂，仰食者百口。道人上奉慈闈，下撫群從，内計生産，外接賓友，一身實爲勞悴。里人魏樹亭調之曰：『人生但快意耳，切切家人事，幾時了耶？』同母兄遺孤，行己任率，使酒忤物，道人垂涕撻之，視猶己出；既長，讀書厲行，見稱於時。道人有用世才，既失志，決然捨去，不應舉，偃息家巷。春秋佳日，名客談詠，諧謔間出，樂不爲疲。詩或一字未安，剪燭申旦。性强切，聞人家不平事，憤氣攘袂，若赴强敵。意小不合輒怒，從旁善爲解釋，一笑而罷。卧病七年，賦絶命詩，自謂必死，乃得更生，因以爲號。名懋同，吏部郎顔修來先生之孫，禮部郎雷公之子。

道人不以官階稱，余故題其壙，曰甦道人之藏。

此文開首，説明作銘的由來，然後稱贊墓主人的行藏品格。甦道人爲家事勞瘁，對待同母兄之子如親子，育其成才；放棄科舉，不慕功名，而以會友吟詠爲樂；常爲人打抱不平，雖遇事好怒，經解釋又能一笑而罷。文字不多，生動地描繪了甦道人的鮮明個性。

洪亮吉、桂馥、翁樹培，都是一代名家，足見此碑分量之重。行文簡約而意味深長，無愧高手之筆。翁樹培是翁方綱次子，博學好古，繼傳家學，觀此碑之隸書，疏朗如入秋林，澹治如見古梅。

《甦道人墓志铭》弁首拓片

政陽湖洪亮
吉篆額
賜同進士出

亨雲南永平
縣知縣同里
桂馥撰文

賜同進士出
身翰林院檢
討大興翁樹

培書丹
余之遊于水
嘉慶元年冬

歸里旋駐雲
南避道人置
酒送別引杯

潼關十二連寨碑

《潼關十二連寨記》，張祥河撰書。《清朝名家書畫録》載：張祥河，字詩舲，婁縣（今上海松江）人。嘉慶二十五年（一八二〇年）進士，官至工部尚書、河道總督。工詩詞。通籍後畫名著公卿間，皆欲得其一幀，爲几席之玩。山水私淑文氏（徵明），花卉力追青藤（徐渭）、白陽（陳淳），筆頗健舉。

《潼關十二連寨記》全文如次：

陝西潼關禁溝，亘三十里，舊設十二連城，今廢，以工浩繁，改爲十二連寨。建望樓十二，墩樓十二，兵房二十四。糜庫銀三千五百兩。其地東聯閿鄉，西接華陰，南指雒南，北距潼關五里。寨各安兵勇，具火器矢砮，連線呼應，雖萬衆莫能超越。咸豐三年六月己未，汴城有警，防賊匹竄，扼險在潼關。於是，巡撫華亭張祥河奏請興復，得旨諭允。隨飭鹽道文海、署潼商道蔡宗茂、綏德州知州江士松、潼關廳同知孫治，職其事，以九月壬戌告成。居高眺遠，山河瞭然，蓋秦中保障也。祥河爲文勒於石。

上文將一項重要工程做了清晰而翔實的叙述，僅一百八十餘字，難得惜墨若此。今人好爲長文，動輒萬言，見此文洵可一歎。其碑或已不存，我得一舊拓，因喜其書法而藏之。祥河書法見之不多，此碑爲行書，而每有草筆，着墨濃厚，筆觸自由，作爲畫家之書，脱出了傳統的規矩，帶幾分青藤、白陽的恣縱，而毫無妍媚之態，因而讓人一見便喜歡。

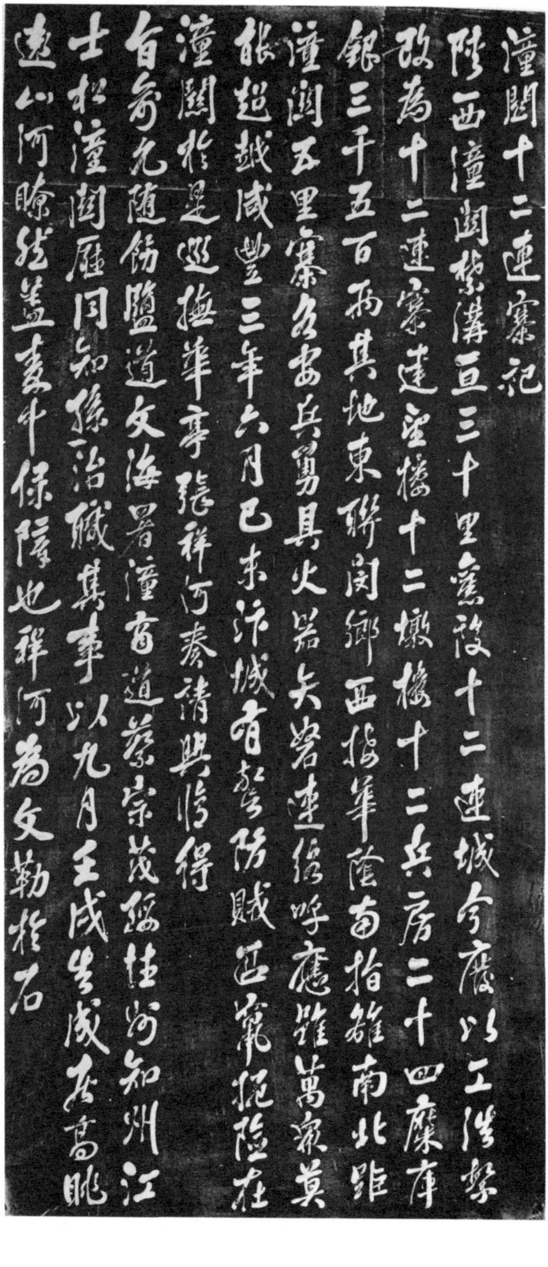
潼關十二連寨記
陝西潼關禁溝亘三十里舊設十二連城今廢以工代賑
改為十二連寨建望樓十二墩樓十二兵房二十四糜庫
銀三千五百兩其地東聯閿鄉西接華陰南指雒南北距
潼關五里寨各安兵勇具火器矢砲連絡呼應雖萬家莫
能超越咸豐三年六月巳來汴城有警防賊匪竄擾隘在
潼關於是巡撫華亭張祥河奏請興修得
旨俞允隨飭鹽道文海署潼商道蔡宗茂臨桂河知州江
士松潼關廳同知孫治職其事以九月壬戌告成登高眺
遠山河瞭然蓋有中保障也祥河為文勒於石

《潼關十二連寨記》拓片

河東兩通移植碑

三晋文物燦爛，而其命多舛，歷有毁廢。胡聘之主持編撰的《山右石刻叢編》，曾對當時全晋尚存碑碣及出土墓銘，做了較爲詳盡的編録、考證和注釋。至今不過一百二十年時間，其書中所録石刻卻已大多損缺不存，足見近代誠然是多故之秋。譬如當年山西的唐代石刻，記録有一百零八通，現在所剩已經寥寥無幾。著名的《晋祠銘》能够保存下來，大概是得益於唐太宗李世民的明君名望，如此完璧太難得了。

值得提起的是山西有兩通特殊的古碑，一是《平淮西碑》，一是《晝錦堂記》，亦因名聲不凡，迄今保存完好。爲何言其特殊？因爲這兩通碑原來不在山西，可稱之爲移植碑。《平淮西碑》是韓愈撰文的唐碑，原建於蔡州，即今之河南汝南縣，晚清時祁寯藻書寫碑文，刻石立於山西聞喜縣裴度故里。《晝錦堂記》是歐陽修撰文的宋碑，原建於相州，即今之河南安陽市，清代有山西襄汾縣南高村劉氏人家購得董其昌書寫此文的墨寶，刻石立於居所。

《平淮西碑》因有故事而著名。安史之亂後，淮西長期割據，縱兵四出焚掠。平淮西成爲中唐歷史上的一件大事，由宰相裴度在前綫督戰。韓愈撰碑贊揚裴度，而忽視了李愬將軍的戰功。李愬雪夜入蔡州，出奇制勝，後來司馬光在《資治通鑒》中有很生動的描寫。當時韓碑刻竣，引起李愬方面的不滿。一説李妻是唐安公主女，出入禁中，訴碑不實，韓碑遂被推倒，命段文昌另撰碑文。一説李之前鋒石孝忠，見碑大爲激憤而將碑推倒，被吏執入獄時，還用枷尾拉殺一吏，唐憲宗怒而親自審訊，石孝忠言明李愬之功，乃下詔改寫了碑文。然而，段文昌的碑文最終銷聲匿跡，流傳後世的仍然是韓碑。

研究這段歷史可知，平淮西的意義不僅在於戰争的勝利，重要的是戰後安撫人民，『蔡人告饑，船粟往哺；蔡人告寒，賜以繒布。』因此，裴度不愧爲『功第一』。李愬固然英勇可頌，爲争奪浮名而推碑卻衹會貽笑後人。李商隱有長詩《韓碑》，贊揚韓愈『濡染大筆何淋漓』，因爲『公之斯文若元氣，先時已入人肝脾』，所以是不可更改的。

祁寯藻是有清名臣，也是一代文化宗師，他滿懷對於先賢的敬仰，重新書寫了韓愈碑文。當下人們觀碑，大都已不在意過往歷史，感興趣的大概衹是書法藝術了。《平淮西碑》可以説是祁寯藻最爲氣韻飽滿、結構宏麗的一部正書傑作。就筆者所見，此碑是同時代楷字碑中的翹秀，或可上追顔真卿，通篇端重、深穩、雄健的氣度，略近乎《東方朔畫贊》。

若是把董其昌書《晝錦堂記》與祁寯藻書《平淮西碑》放到一起，正所謂『春蘭秋菊，各一時之秀也』。北宋朝中入相出將、極有作爲人物，一是韓琦，一是范仲淹，天下並稱『韓范』。邊疆有民謡説：『軍中有一韓，西賊聞之心膽寒；軍中有一范，西賊聞之驚破膽。』韓琦在相州（今河南安陽）的寓所建了一處廳堂，名爲晝錦堂，歐陽修爲之寫了《晝錦堂記》。古人稱還鄉誇耀富貴爲『衣錦晝行』。歐陽修文中言道：韓琦並非得志於一時，而是久已聞名海内，他的富貴不需要誇耀；韓琦的豐功盛烈，是國家之光，不衹是鄉里之榮；他築晝錦堂的寓意，『蓋不以昔人所誇者爲榮，而以爲戒』。這篇文章爲人們所鍾愛，書法家歷有書寫。董其昌作有《晝錦堂記》書畫合璧手卷，現爲吉林博物館收藏，從圖片上看來，行草清秀，但感覺有些刻意安排，生動氣息無多。比較起來，還是襄汾碑的書法更好一些，筆意圓婉，氣韻流貫，整體觀來是一幅耐人賞味的佳品。

《平淮西碑》局部

蔡之婦女
迎門笑語

蔡人告饑
船粟往哺

蔡人告寒
賜以繒布

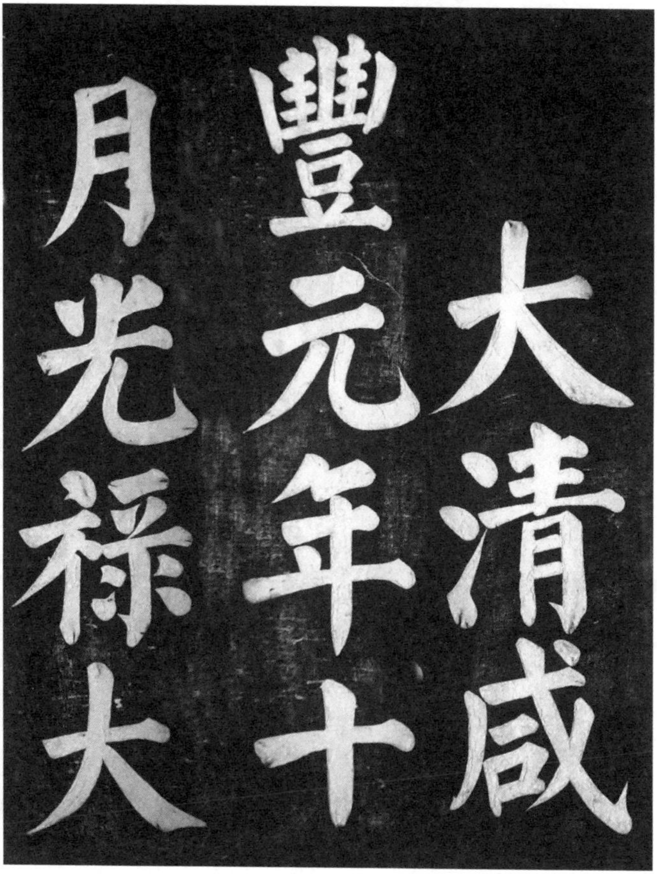

祁寯藻落款

夫體仁
閣大學士
軍機大臣

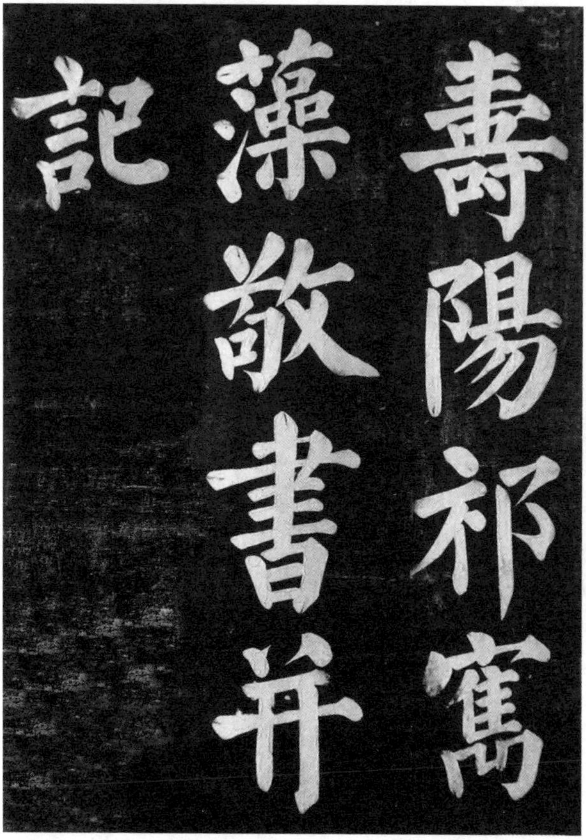
壽陽祁寯
藻敬書并
記

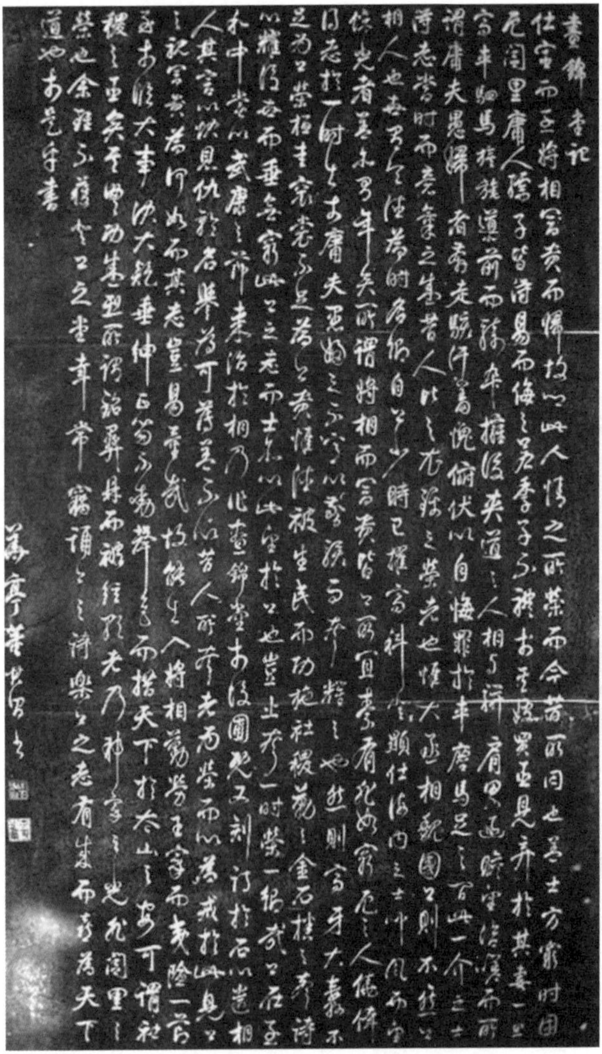

董其昌書《晝錦堂記》拓片

山西二祁尺素

『二祁』指祁寯藻和祁塤，這是山西清代的兩位名臣。潘仕成所刻《尺素遺芬》，收有二祁書信各一札。

潘仕成，字德畬，廣東番禺人。繼先祖鹽商業，成爲廣州十三行大賈。道光年間赴順天鄉試，中副榜貢生。時遇北京水災，捐巨款賑濟而欽賜舉人，由此進入官場，曾授布政司銜。輕財好義，交遊甚廣，爲公益及海防建設屢斥巨資。購廣州荔枝灣地修建私家别墅，名爲海山仙館，藉此館收藏圖書文物，輯刊有《海山仙館叢書》。又刻《海山仙館法帖》，其中價值珍貴的部分便是《尺素遺芬》，又稱《海山仙館藏真三刻》，同治三年（一八六四年）刻竣，初拓分四册裝函。所收録的是與潘仕成交往的九十餘人親筆尺素，其中不乏名流墨寶，除了書法價值之外，書信内容亦可反映一個歷史時期的社會文化現象。

祁寯藻書云：

頃承佺伯世大兄交到　惠寄《海山仙館叢書》全部，橅古帖一函，拜領珍藏，良深感佩。並詢舊題《漢宫玉印》，拙作記與程春海、吴瀹齋諸先生奉題，後其稿久爲人持去，無從尋檢。回憶舊游，益增悵惘。世兄供職農曹，積學儲材已久，它日繼美，未可限量。弟老病侵尋，幸得再告。惟筆墨荒蕪，無復向時意興。遠叨　存問，惟有慚恧。手肅數行，奉謝。再頌　安祺不一。愚弟寯藻頓首。

書信是一種更率意、更自由的文章。前賢彬彬有禮的交際方式，以及優美雅致的古典文韻，從字裹行間輕輕逸出，别有一種清芬味道。閲讀這樣的信札是很快樂的事情。以前看到的祁寯藻的遺墨，或中堂，或對聯，多是較爲齊整的行楷書法。而這件手札小字，遒勁而流麗，時而間用草書，顯得姿態紛呈。

祁寯藻是山西壽陽人，嘉慶十九年（一八一四年）進士，一生在中樞任職，官至軍機大臣、體仁閣大學士。祁墳是山西高平人，嘉慶元年（一七九六年）進士，出仕比寯藻稍早，而基本在地方上做大吏，曾任廣東巡撫、兩廣總督。

祁𡎴的札字，也很見書家功夫，行草清秀嫻雅，全篇布局疏朗宜觀。他給潘仕成的信，提筆便説『虎門堤工一事』，開門見山，意在公務。

祁𡎴任廣東巡撫期間，先在虎門修堤壩防洪，繼而建炮臺防敵，極用心於國計民生。潘仕成曾爲虎門堤工捐助巨資，祁𡎴信中稱贊其『一片急公之忱』，相與商量工程大事，態度尤爲慎重。祁𡎴時已年過花甲，且有病在身，信末言道：『弟賤恙尚未能釋。然衰朽之身，艱鉅之任，何時是了？知我者何以策我也！』

祁𡎴六十二歲離粵，回京任刑部尚書。料想不到鴉片戰争爆發，林則徐、琦善先後被革職，他臨危受命，再次出任兩廣總督。當他看到英兵佔據虎門，廣州人民遷避過半的情形時，痛心疾首地歎道：我纔離開没有多久，地方遭劫竟然成了這個樣子！俟英兵退出虎門後，又主持重修虎門炮臺，重兵防守，仿行屯田之法，鞏固海防，功績可謂卓著。直至因病乞休，於道光二十四年（一八四四年）逝世。信札雖然言語不多，略可見出他爲國家操勞的心跡。

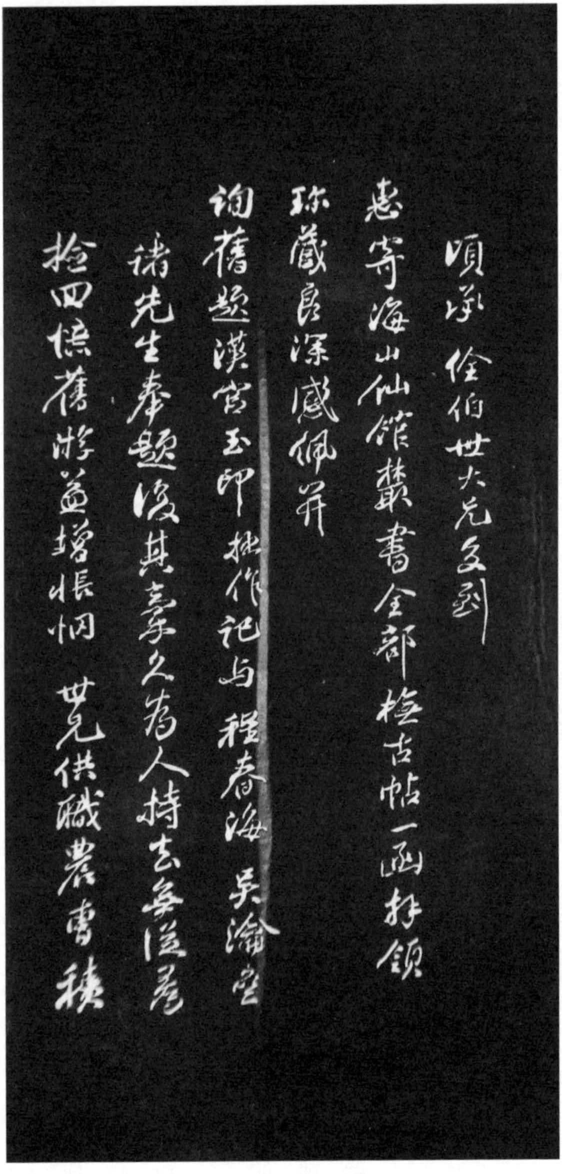
頃承 佺伯世大兄交到
惠寄海山仙館藏書全部 檢古帖一函拜領
珍藏良深感佩并
詢舊題漢宮玉印擬作記与程春海 吳瀹室
諸先生奉題後其卷久為人持去無從查
檢回憶舊跡益增悵惘 世兄供職農曹 積

祁寯藻手札

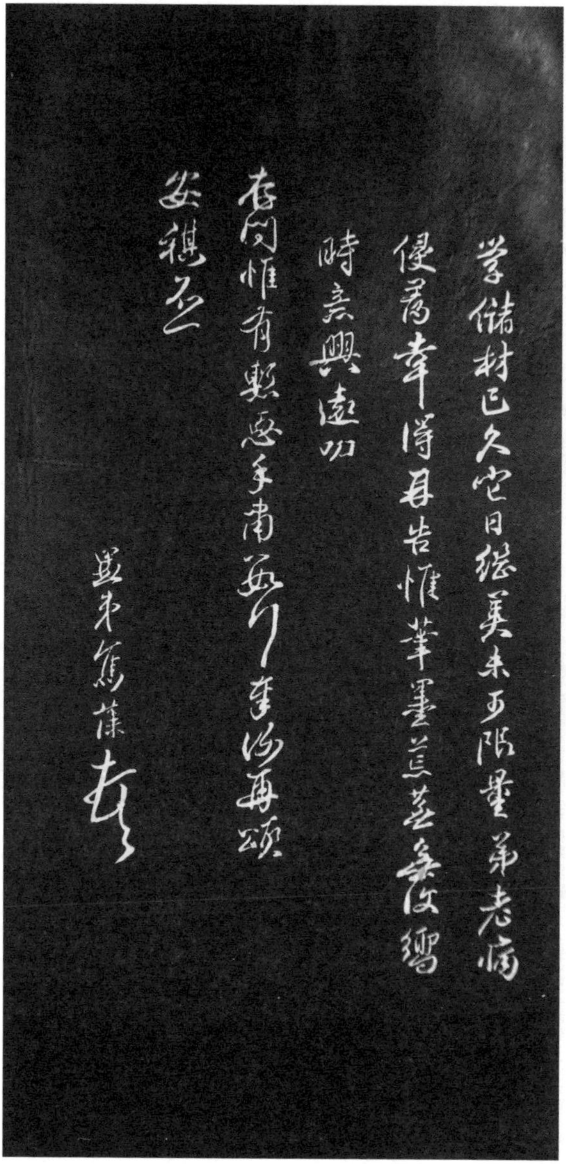
学储材已久它日縱美未可限量弟老病
侵尋幸得君告惟筆墨荒蕪久廢繆
時袁興遠叨
春闈惟有默愿手肅敬叩李[illegible]再頓
安祺不一
巽甫[illegible]藻[illegible]

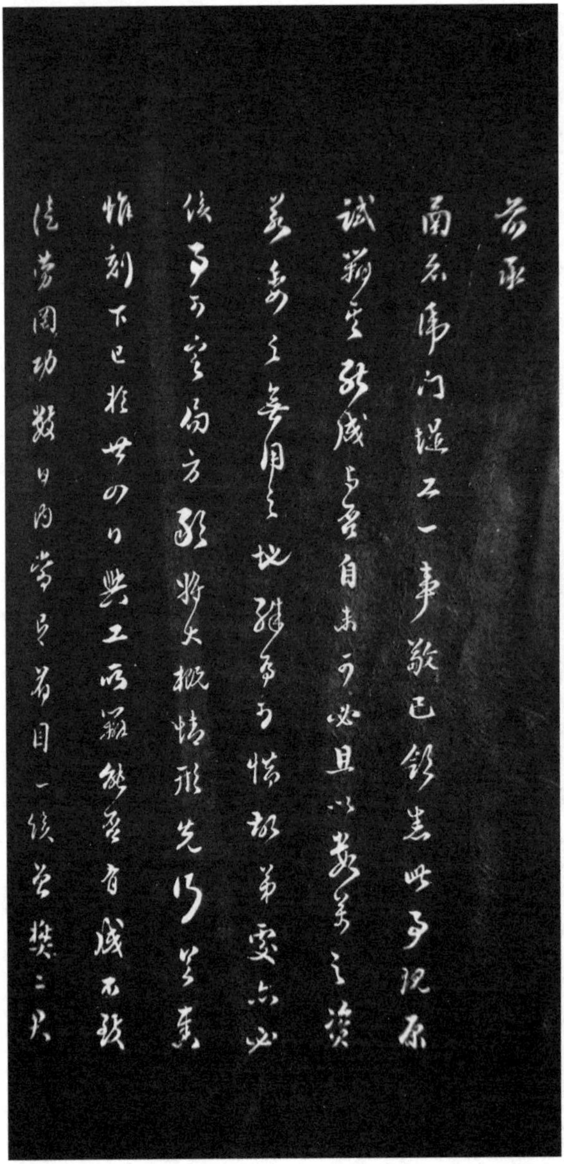

祁埙手札

来前再乃命纳威
尊容先寺人赴尔门可同参择二只相度高额
更好一二日图办
风晴乾
巨畲一叙吾速寺剬茫竟不能忱令人怅然
兹
三兄大人一号象公主歉人而兰即高不置至廑外

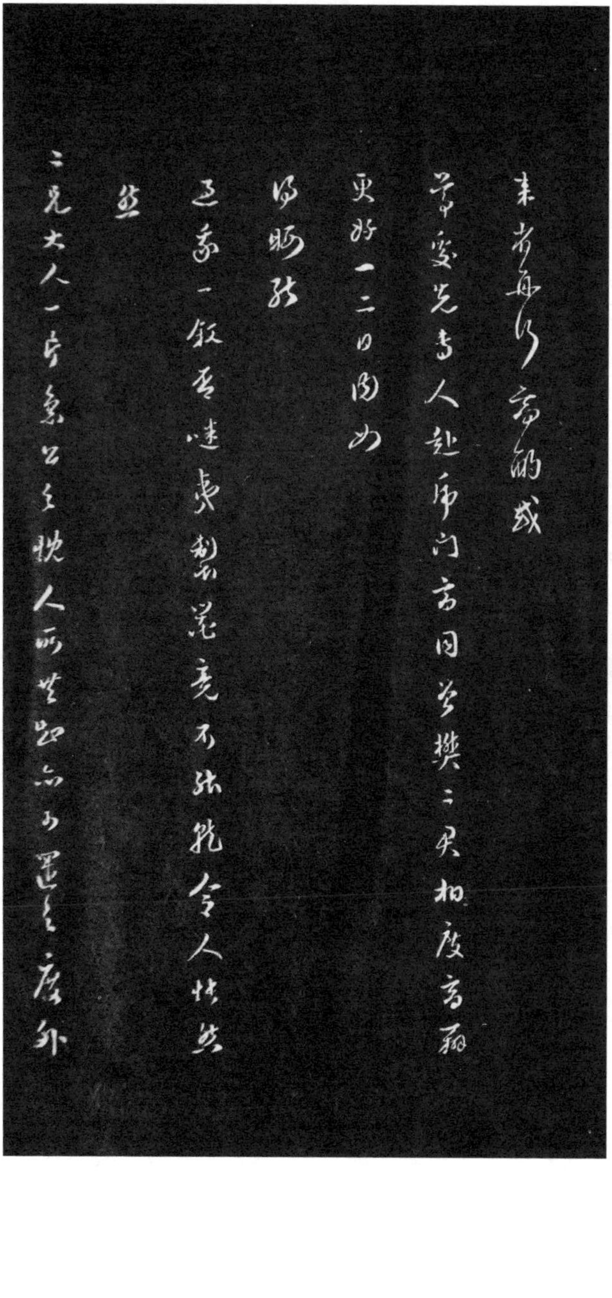

吾弟久荒学业致釋然寡彩之身無論主
任何时益了
出来总须以
弟我义外一件要扑
吾收眠應
千两而一

滄舍二先大人如晤

弟郁琰頓首

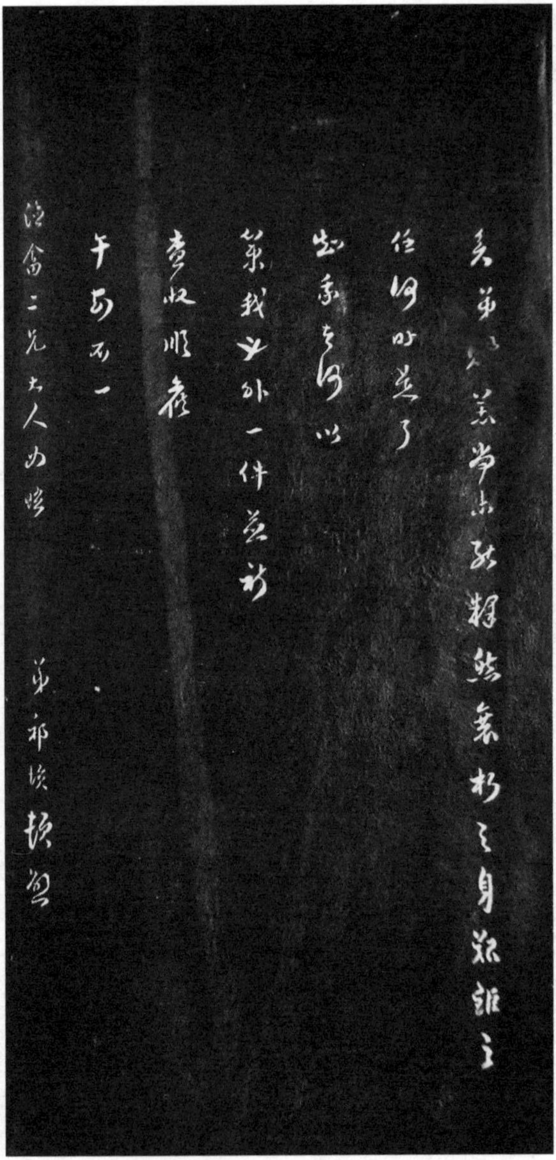

張之洞柬帖

北京一處古宅，或許已數易户主，不曾翻修便不會清掃高處的房梁。進入新時期，房主大概要做現代化的整飭，偶在房梁上見有一叠拓帖，其紙質早已發黄變脆，稍動即散。主人不甚在意，恰有古董商來就取去了。到了細心的愛好者手上，才發現殘佚的拓片中，竟然夾着張之洞的柬帖，不禁令人驚喜。

晚清維新變法時期，猶似沉沉睡夢中的古國，驟然昇起了一綫朦朧的曙光。張之洞和梁啓超是這個時期思想界的兩位重要人物。梁啓超《三十自述》文中曾寫到兩件事：一是梁得到直隸總督王文韶、湖廣總督張之洞、大理寺卿盛宣懷連銜奏保，但他不願被差遣，辭之；二是張之洞屢次招邀，請梁入其幕府任職，梁亦堅辭。梁啓超因主編《時務報》而名滿國中，張之洞當時思想傾向於維新，不啻是偏愛梁的文章才華。梁啓超既然全力傾注於辦報，拒絶張的保薦和幕府之邀可以理解，但他後來前往武昌總督衙門拜訪，與張暢叙時事，曾經引爲知己。

戊戌之歲，百日維新失敗，梁啓超避入日本大使館。張之洞寫此柬帖，擡頭四字曰：『寶道高守。』下面三行小字：『不能赴東洋。皆萬不能去。速另思一册員。』『册』通『策』，『員』爲語助詞，同『云』。上下款曰：『梁大人　洞　頓首』。鈐印：『張之洞印』。

這一柬帖，應寫於慈禧太后發動政變之當日。一八九八年九月二十一日，夏曆八月初六，光緒帝被囚禁在瀛臺。慈禧下詔垂簾聽政。是日康有爲的南海會館被查抄，康廣仁被捕。梁啓超撰《譚嗣同傳》一文記述道：

> 余是夕宿於日本使館。君（譚嗣同）竟日不出門，以待捕者。捕者既不至，則於其明日入日本使館，與余相見，勸東游。且携所著書及詩文辭稿本數册，家書一篋，託焉，曰：『不有行者，無以圖將來；不有死者，無以酬聖主。今南海之生死未可卜，程嬰杵臼，月照西鄉，吾與足下分任之。』初七、八、九三日，君復與俠士謀救皇上，事卒不成。初十日，遂被逮。之前一日，日本志士數輩，苦勸君東游，君不聽；再四强之，君曰：『各國變法，無不從流血而成。今中國未聞有因變法而流血者，此國之所以不昌也。有之，請自嗣同始。』卒不去，故及於難。

如上一段話中，使我們看到了譚嗣同的英豪氣概，而今讀來，猶可感愴。此外，從中也可瞭解梁啓超的當時狀況。柏楊《中國歷史年表》記：『九日，御史楊深秀上疏那拉太后，責問廢帝之故，並請撤簾歸政。那拉太后大怒，十日逮捕新黨，十三日斬康廣仁、楊深秀、楊鋭、林旭、劉光第、譚嗣同，世稱六君子。』可知政變兩三日內，維新人士並没有立即被捕。張之洞既得知梁啓超投奔日本使館，而在逮捕新黨之前還未能完全料想到形勢有多麽恐怖，所以給梁啓超寫了柬帖。

揣其當時心理，寫此帖應有如下意圖：

其一，爲梁着想。『寶道高守』的意思，希望梁啓超堅守高尚的德行聲譽。在張之洞看來，一定是忠於清朝才是正道，才是寶行良道，投奔日本就是叛離朝廷，叛離國家。當時殺戮六君子的慘劇尚未發生，張之洞認爲慈禧最恨的是康有爲，對於梁啓超又另當別論，因此他囑梁另思一策。至於另思何策，無須明言，無非是要梁託人周旋，能够取得寬宥。這是張之洞柬帖的主要目的。

其二，爲己着想。得悉慈禧政變消息，張之洞一時惶惶不安。因爲他與新黨有過甚爲密切的聯繫，曾經高規格接待梁啓超，曾經大力支持《時務報》。如果梁被慈禧太后視爲死敵，張亦恐牽連其中。因此，他不願意讓梁與后黨對抗到底，勸説梁不去東洋也是爲自身着想。

其三，出於情誼。梁啓超的思想氣度不同於常人，他寧願流亡異國，也不會向后黨低頭，張的柬帖勸告不會起到任何作用，這是張之洞應該能想得到的。盡管勸告不起作用，張也還是要寫這個柬帖，除了寄予希望之外，還有一種情誼的表示。戊戌六君子中的楊鋭，是張之洞的門生，張聽到楊被逮下獄的消息後，還發電託人解救。由此推想，張之洞感念舊誼，於梁危難時送上一封信柬，不失爲是人之常情。

張之洞柬帖派何人赴京專送，不得而知，恐怕並没有能够送到梁啓超手上。其時張在武昌，即使急如星火，未必能趕在梁啓超離京前送到其手上。京城迅速進入恐怖狀態，偵探捕快四布，柬帖送不進日本使館，極可能是留在可靠人家中藏匿起來了。

此帖從筆字、語句、印章、用紙、陳舊程度諸多因素鑑衡，是張之洞真跡無疑。但所謂『梁先生』，是否一定就是梁啓超呢？這是由柬帖内容可以做出的判斷。無論是『賓道高守』，還是『不能赴東洋，皆萬不能去』，這樣的措辭和語氣，除非寫給梁啓超，此外换成任何别一位梁先生都無從解釋。譬如張之洞與梁鼎芬通信較多，可以言及政事和學問種種，但絶不會有『萬不能去』『另思一册』這種内容。通常情況下與友人説事，多寫書信，帖子則用於簡便事宜，可知這一柬帖是在緊急情況下寫的，語句亦帶有急迫感。細審其字，感覺『册』後加一『員』字，作語助詞不是不可，但『員』字寫得不很自然，似乎是『册』字前還應有一字，意謂『良策』『完策』『圓策』，或許是倉促間少寫一字，『册』字後留一空白，急中生智而補寫成一個『員』字。

再從此帖的來歷看，是夾在一疊舊拓帖中被發現的。拓帖是康熙御書賜給吴琠的《千字文》。吴琠是康熙朝名臣，官至保和殿大學士兼刑部尚書，民間稱吴閣老。此帖刻石現存於吴閣老故鄉山西沁縣。看拓片的紙質及其脆化殘損狀，確爲存世百年以上的清代之物。原拓應爲一百三十八頁，現在尚存九十七頁，損缺甚多，但所存各頁文字都很清晰。參看該石的近拓，大多字已筆畫發毛，有的石花明顯，如『禮别尊卑』的『别』字右竪筆中有剥斑，清拓則没有任何剥泐痕跡。由這老拓片佐證，夾在其中的柬帖確實蹊蹺，如果不是與戊戌政治風波相關，如果衹是一個普通的帖子，何至於是這樣一種方式秘藏下來呢？

梁啓超既然没有收到柬帖，我們也無須推想他如果收到柬帖又會是怎樣的態度。其實，張之洞著《勸學篇》，已經表明與維新黨分道揚鑣，康梁變法失敗後他更加向頑固黨一邊靠攏，所以，梁啓超終於與之交惡，理在必然。

梁啓超流亡日本期間，時時關注國事，對於張之洞上疏迎合慈禧立大阿哥一事，極爲憤恨，發表致張公開信説：『從前之交誼既已盡絶，非惟閣下絶啓超，抑啓超亦絶閣下也。』『欲歸新黨，而新黨不屑有此敗類；欲附賊黨，而賊黨不願有此贅瘤。率自進退失據，身敗名裂。後世謚爲至愚，千載指爲奸佞，翻雲覆雨，究何益乎？』

後來在論及李鴻章與張之洞時，梁啓超文中又寫道：『李鴻章實踐人也，張之洞浮華人也。李鴻章最不好名，張之洞最好名。不好名故肯任勞怨，好名故常趨巧利……至其虛矯狹隘，殘忍苛察，較之李鴻章之有常識有大量，尤相去霄壤也。』可見不僅情誼盡絶，梁啓超已經對張之洞絶無好感，衹有惡感了。

世事滄桑巨變，一個陳舊的帖子驀然出現在眼前，小小紙片，區區二十餘字，竟然隱含着兩位名人的逸事，折射出一個重大事件的背景。記此小文，不勝感慨。

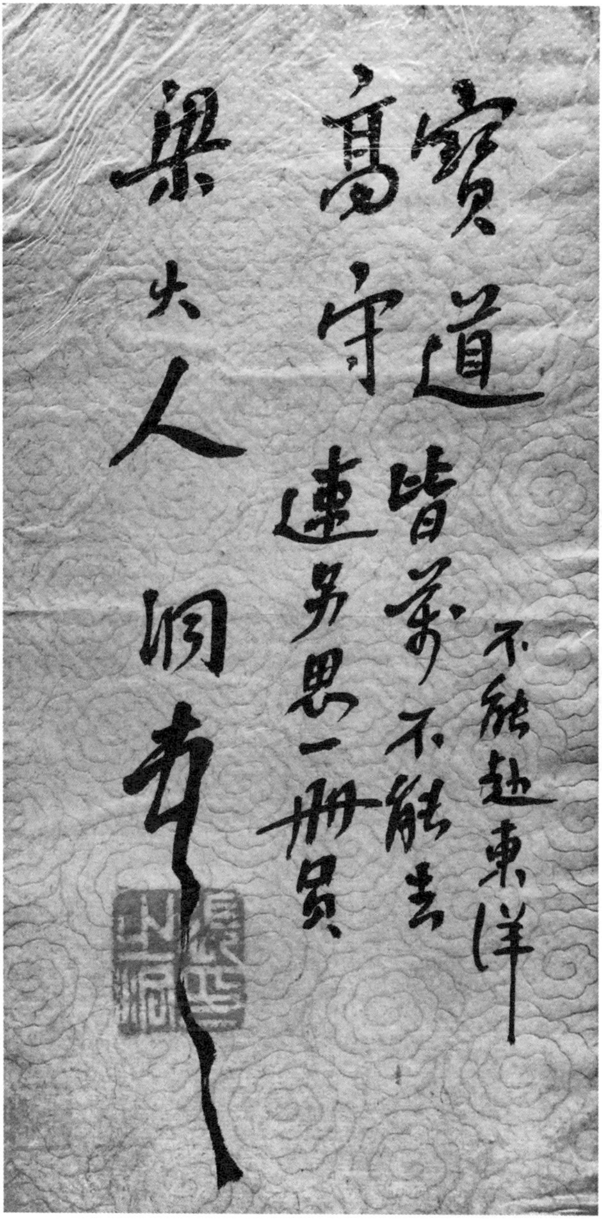
寶道
不能赴東洋
皆萘不能去
高守
遠另思一冊員
梁大人
洞東

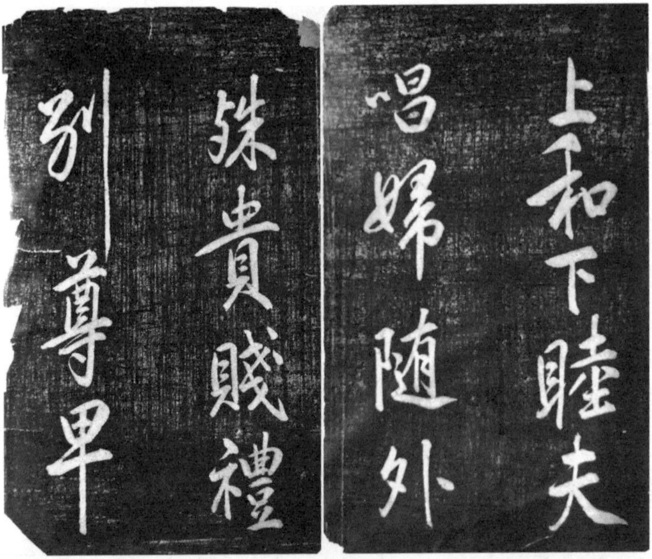
上和下睦夫
唱婦随外
殊貴賤禮
別尊卑

金生麗水
人皇始制
藉甚無竟
子比兒孔懷
漢惠說感
筆倫紙
璇璣

《康熙書千字文》拓片殘頁

西周簋王銘文

太原某次藝術品拍賣會上，友人購得三件青銅器銘文的拓片。其中《散氏盤銘》和《大盂鼎銘》，早已聞名於世，研究資料亦富。另外一件，初見陌生，經查閱資料，知道是㝬簋的銘文。《中國大百科辭典·文物博物館卷》，有關於此簋的説明，辭條如下：

㝬簋　中國西周晚期青銅器，爲周厲王十二年時所作。一九七八年在陝西扶風縣齊村出土，現藏中國歷史博物館。簋通高五十九釐米，口徑四十三釐米，兩耳間距七十五釐米，重六十千克。器形之大爲西周銅簋所僅見。此簋鼓腹，圓足，方座，雙耳飾巨大的獸首，兩角聳出極高，垂長珥，造型魁偉壯麗。頸足飾變形獸體紋，座面四隅飾獸面紋，腹座飾直條紋。内底鑄銘十二行，一百二十四字，是厲王爲祭祀先王而作的一篇祝詞。銘文中的『㝬』與『胡』通假，爲厲王自稱。㝬簋是罕見的西周王室重器。此器的出土爲研究西周時期的文字演變及青銅器斷代增加了新的內容。

㝬簋是迄今所見最大的古簋，稱之爲『簋王』。既然是如此重器，文物專家應該説已經做過詳盡的研究了，但從上述權威辭典的介紹來看，感覺頗有問題。説銘文一百二十四字，似不確；説『「㝬」與「胡」通假，爲厲王自稱』，亦覺不妥。至於説銘文是『厲王爲祭祀先王而作的一篇祝詞』，這個定義未免有些片面，似乎没有理解了銘文的主題內容。因此，還需要對此簋做深入研究。我現在閑下來，逐漸辨識銘文，將一些個人見解寫在下面，以供參考。

一　厲王的名字

㝬這個字由『害』『夫』兩部分構成。害，今可讀 hé，古音讀何盖切，入聲。『害』『夫』二字快讀，正好是『胡』音。從簋的銘文顯示，周厲王的名字就是這個『㝬』字。人的姓名通常不用通假字，大概『㝬』字很早就失傳了，後人或爲刻寫簡便，借諧音寫作『胡』。現有《史記》版本，已經作『胡』，但不知是司馬遷的原文，還是後世刻本所更。《史記》既傳作『胡』，以後的史書當然照用，周王爲姬氏，周厲王名之爲姬胡，但這並不能説明就是他本來的名字。『害』在古韻書中與『豁』屬同部，『害』『夫』合一字或有豁達之意，與『胡』字義不相及。

二　銘文的字數

㝬簋的銘文共十二行，最後一行十二字，其餘均爲每行十字，有『陀』字下二短横表示重複，加一字，共一百二十三字。第八行首字，衹有二横，下面殘缺，由文意推斷應是『帝』字，前文亦有此字，寫法正是以二横作上部，可知此處殘缺衹是一個字，而非兩字，故全文不可誤作一百二十四字。

三　疑難字的辨識

黄黹：銘文，釋爲『簧』，而從文意看，應爲『黄』。『黹』爲刺繡。黄黹，應指尊貴的衣飾，亦引申爲高尚的大德。《易·坤》：『六五，黄裳，元吉。』周人認爲黄裳爲吉祥之徵。

朕心地于四方：銘文,有釋爲『墜』,但文意不通。應釋爲『地』,古文『地』作『墜』,有居住之意。此句意爲：我心住於四方,即心在四方。

肆令：銘文,釋爲『肆』,古文奇字,見於《六書通》。『令』釋爲『矜』,通假。肆矜,意謂赦其罪而憐憫之。

貞彝寶豆：銘文,貞。『貞彝』與『寶豆』結構相同。,貞彝寶豆,指祭祀所用的珍貴的寶器,這在文中是一個很恰當的詞組。

,列,晉姜鼎作。銘文借爲『文烈』的『烈』,通假。

：𤔔,讀luàn。《說文》第四,𠬪部：𤔔,治也,幺子相亂𠬪治之也,讀若亂同。古文奇字作,,見《六書通》。

：內『貈』,外口。『貈』字今解與『貉』同,讀hé,但古音不同。《說文》第九,豸部：貈,似狐,善睡獸,從豸,舟聲。若依《說文》,『貈』,讀zhōu,音同『周』。故疑亦讀zhōu,或可假借爲『周』。銘文,頗費解,可能會做多種解釋。從上下文意來看,宜解作『𤔔周』。𤔔,意同治,下文『皇帝』指前代帝王,『𤔔周皇帝』意謂統治周國的歷朝君王。

：紷,本義爲細絲,這裏借爲令,指上文之『大魯令』。魯,同『旅』,意謂陳述,陳布,陳示。《史

記·周本紀》：『周公受禾東土，魯天子之命。』今本《尚書》作『旅天子之命』。大魯令，指陳布天帝之命令。

陁陁：銘文，即『陀』，字形亦近乎『陁』，此處應釋爲『陁』。陁，音 yǐ，謂傾斜貌。陁陁，形容傾注綿延而下。

憲烝：銘文，釋爲『憲』，這裏讀 xiǎn，通『顯』。烝，指君。憲烝，顯示君主。

：銘文此字殘缺，衹剩左旁『田』及右側半筆。從文章推斷，並參酌其他鼎彝銘文常見字，此字釋爲『畯』，通『俊』，意指英俊、俊傑。大盂鼎作。

：銘文第十一行之第五字殘，視殘筆字形，似『每』，如西周曶鼎之。意爲常，常久。聯繫上下句，似兩層意思：一使寶器傳之恒久；二保俊傑永在其位。

作疐：，釋爲『疐』。銘文『作疐在下』費解，疑爲『作黽』。但黽字象形罕見畫趾者。晋姜鼎『作疐爲亟』訓爲總揆、準則。疐，本義同『蒂』，引申爲根蒂。依此，『作疐在下』可釋爲：根本在此。作者前面表了衷情，最後大致是說：總之這就是我的根本思想。

四　釋文與注解

上述疑難字解決之後，此簋的銘文便可全文釋出，文意也都明白了。釋文如次：

王曰：有余唯子㈠。余作㢨㈡。晝夜經雍㈢先王，用配皇天黃䵼。朕心地于四方，肆矜以餔士獻民㈣，爯盩先王宗室㈤。㝬作貞彝寶豆，用康惠朕皇，文烈，祖考，其各前文人㈥。其瀕在帝廷陟降，䰜周皇帝大魯令，用令保我家、朕位、㝬身，阤阤降余多福，憲烝宇慕遠猷㈦。㝬其萬年貞寶，朕多御用每壽，匄永令㽙在位㈧。作疐在下。唯王十又二祀㈨。

注解：

㈠唯，語首助詞。子，這裏指國君的繼承人，嗣君。

㈡㢨，讀kāng，宮室空貌。『余作㢨』，周厲王說他爲祭祀先王而修築了宏闊的廳堂。

㈢雍，是君王祭祀宗廟畢，撤俎豆時所奏的樂章。經雍，奏樂祭祀。周厲王表白他晝夜祭祀，以能够追配皇天的至德。

㈣餔，讀pū，給食，這裏指恩賜、厚待。獻民，賢民，周滅商後，商朝的貴族遺民臣服於周者，稱爲獻民。全句意謂：我心在四方，盡力安撫士大夫和獻民們。

㈤爯，讀chēng，《説文》第四，冓部：爯，並舉也。盩，讀zhōu，諸盩，周太王父名。『爯盩先王宗室』，承接上句，意謂：讓四面八方的人們，共同來尊奉周朝的先祖宗室。

㈥此句中『朕皇』『文烈』『祖考』及『各前文人』，並列爲『康惠』的賓語。康惠，安康惠和，祝福語。朕皇，指周厲王的父王。文烈，指文治顯赫的君王。祖考，即先祖。各前文人，凡歷代先人中有文德者都在其内。這是周厲王表述他製作珍貴彝器的用意。

㈦陟降，升降，出入。帝廷，天王帝廷，即太微廷，泛指天庭。皇帝，古時對前代帝王尊稱爲皇帝。宇慕遠猷，高迴的追求和遠大的謀略。承接前文，朕皇、文烈、祖考，統稱治周皇帝，他們無時不在上帝之左右，頒示帝令，即『大魯令』，用上命來保佑周厲王的家室、王位、身體，使他享有多福，得以顯示君王的理想和宏圖。《詩·大雅·文王》：『文王陟降，在帝左右。』『陳錫哉周，侯文王孫子。』

㈧匃，同『丐』，乞求，祈願。厲王在這裏表示他的寶簋將會萬年永存，多用祭祀，常得壽昌，祈願英俊的君王永在其位。

㈨王十又二祀：即周厲王十二年。推爲公元前八六八年。

五　銘文大意

銘文以『王曰』開頭，後面當然都是周厲王的話。『有余惟子』是自述身份，簡要表明『我是嗣君』，是周朝先王的繼承者。

主文的第一層意思：開門見山，説他修築了一座大廈。顯然是大簋陳放在這個大廈中，所以要先説『余作庚』。大廈和大簋，都爲祭祀而作，『晝夜經雍先王，用配皇天黄黹』，表白他的一片虔誠。然而，周厲王在此並非祇是爲了紀念先王，甚至連一句歌頌的詞語都没有。『朕心地于四方』一語，表明他所思慮的是國家政治，目的是要安撫舉國的士宦人民，讓所有人完全尊奉和忠誠於周王朝。

主文的第二層次，又進一步陳述其製作大簋的意圖。他用珍貴的彝器，向先祖祝福，祈願在帝庭的先祖，賜布神明的詔令，暗中保佑他作爲周王的身家和王位，彰顯他的遠大事業。他的大簋將成爲萬年傳世之寶，經常用於祈禱，保佑俊傑在位，君權永固。

以上可知，銘文是周厲王對於他製作這一寶簋的意圖的自述，表達了他對於自身和國家福祉的祝願，體現了他的政治理想。這篇刻在簋上的文字，説的是簋本身，是由作簋而引起的關於其思想動機的陳述。文中没有側重贊美先王的頌言，所以，不能認爲是祭祀先王的祝詞。

六　周厲王其人

范文瀾《中國通史》寫道：

農夫住在田野小邑，稱爲野人；工商業者住在大邑，稱爲國人。厲王是個大暴君，他酷愛財貨，重用榮夷公，想法專利。國人毁謗厲王，厲王令衛國神巫監視國人，隨意殺戮，禁阻説話。厲王自以爲能彌謗，壓迫更加嚴厲。後來國人不能再忍，前八四一年（共和元年）舉行起義，厲王渡黄河逃走。太子靖藏匿在召公家裏，起義者圍召公家。召公把自己的兒子假冒王子送出去，被起義者殺死。宗周出現了以周召二公爲首的貴族共和政治。這是歷史上國人第一次大起義，西周社會因這次起義的推動，前進了一步。

范文瀾這段話，來源於司馬遷《史記·周世家》，但他對司馬遷的記述或許有所誤解。

呂思勉《先秦史》寫道：

厲王召禍，蓋由好利。《周書·芮良夫解》記芮良夫戒王及群臣之辭曰：『下民胥怨，財殫竭。』古所謂財者，多指山澤之利言之。山澤之利，本皆公有，後乃稍加障管。疑厲王當日，實有此事也。

所謂厲王好利，並不是指貪圖財寶、荒淫享樂。呂思勉指出，實際情況是厲王加强了對山澤資源的管理。山澤之利，包括林木、礦産等，原是由國人，即那些居住在城市裏面的貴族、工商業者，他們各自來攫取。厲王『稍加障管』，實行國家專利，藉此充實中央的財政收入，這就使國人的利益受到損失，因而引起了反抗。

我們從㝬簋的銘文來看，周厲王十二年的時候，他表示要矜恤和安撫士大夫，包括商朝的遺民，政治態度是比較寬厚的。《史記》原文是：『厲王即位三十年，好利，近榮夷公。』可知，厲王實行專利政策，是在作簋銘的十八年之後，這時他已經穩定執政三十年之久。爲什麽此時要聽從榮夷公的主張，實行新的政策呢？大概是以前太『仁政』了，經濟命脈被貴族和大賈所控制，中央財政發生了困難，需要進行必要的改革了。實行專利的這項新政，可以抑制豪强暴富者，强化工商業管理而充實國庫，或許可以避免加重野人（農民）的負擔，這就會有一些積極意義。如果這樣來看問題，說什麽『厲王是個大暴君』『酷愛財貨』『過度勒索』云云，這些話就不符合歷史實際。范文瀾某些觀點，屬於一度流行過的那種概念化的歷史觀，殊不可取。

厲王强制推行專利新政，顯然操之過急了。開始有大夫芮良夫提出反對意見，他拒絕採納。後來遭到了國人誹謗，他反而剛愎自用，暴虐起來，用巫師監視國人言論，殺戮誹謗者，以至『國人不敢言，道路以目』。

當厲王强行禁止人民的反對言論之時，召公進諫說：『防民之口，勝於防水。水壅而潰，傷人必多，民亦如是之。是故，水者，決之使導；爲民者，宣之使言。』『夫民慮之於心，而宣之於口，成而行之；若壅其口，其與能幾何？』厲王對於召公的忠諫，仍然聽不進去。三年之後，終於釀成國人造反，厲王被迫出走，到霍山中躲了起來。

看了㝬簋的銘文，可知周厲王並不是一個壞的君王，不可簡單地稱之爲暴君。他的失敗有兩點教訓：其一，『制國有常，利民爲本』。實行一切國政，既要利國，更要利民，不可偏廢，務須正確調整國家利益與人民利益的關係。其二，歷史證明，凡箝制言論，結果都很可悲。施政應當廣開言路，善於聽取不同意見。總之，要歷史地看問題，批評厲王晚期暴政的同時，不能掩蓋他執政前期的社會和諧狀況。

據歷史年表推計，周厲王三十年開始推出新政，時即公元前八五〇年；約在四五年時間內，引起不滿而不聽勸諫，於公元前八四五年施行暴政，殺戮謗怨者；又三年後，即公元前八四二年，國人暴動，厲王出奔。之後，周朝經歷了十四年共和政治，到公元前八二八年厲王逝世，其子姬靖繼承王位，爲周宣王。厲王這十四年住在霍山中，所在地古時名彘城，位於今山西霍州之東北。

《霍州志》載：『厲王陵，在州城内西南隅。按史，王本居鎬京，出奔彘而崩，因葬焉。』周厲王此陵墓至今尚存，所在地今名周村，可謂一處有名的古跡。古墓能够保留兩千八百年之久，説明世人對周厲王這個人物足够尊重，當地大概是把他當作一個政治避難者。中國古代就有庇護政治流亡者的事跡，晋文公重耳奔狄亦一例，這也是值得研究的。

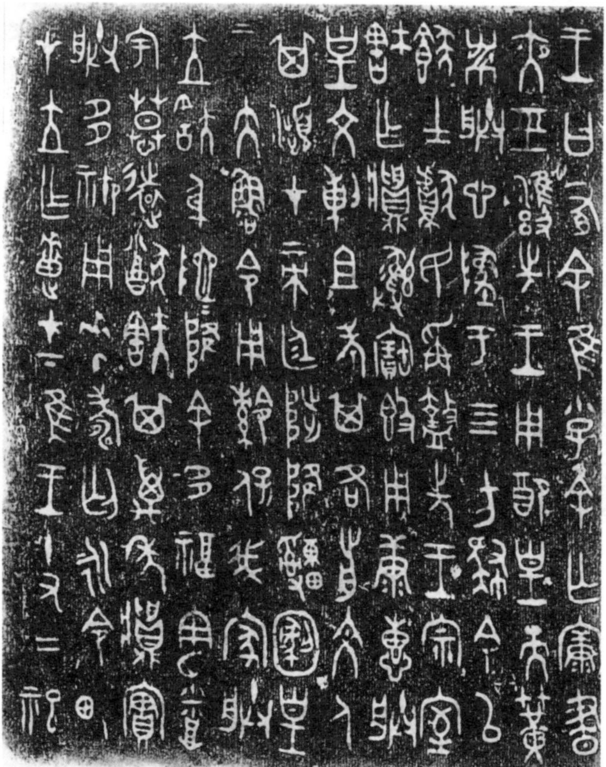

㝬簋铭文拓片

㝬簋

兩種金石學圖書

金石學這一門學問，中國所獨有。宋代已有歐陽修《集古録》、趙明誠《金石録》等重要著述，成爲後來考古學的先聲。

清代是金石研究的鼎盛時期，以傳世與出土的銅器、石刻爲主，兼及其他古代文字器物，其研究、整理、著録，成就空前。士大夫熱衷於金石、訓詁，亦是一時風氣，出現不少學者型的名宦。乾隆内閣大學士翁方綱、阮元，同治、光緒時任廣東、湖南巡撫的吴大澂，都是金石大家。馮雲鵬、馮雲鵷的《金石索》，王昶的《金石萃編》，亦是一代金石名著。金石學圖書通過著録古物和考證文字資料，重現了歷史文化的真實面貌。

我處收有兩種清代的金石圖書，一是褚千峰、牛空山著《金石圖説》，一是《金石屑》，各四大册，宣紙印本。

褚千峰名褚峻，雍正、乾隆間人，原是碑帖商人，爲搜求古代金石文字，周遊九州，跋涉名山，歷三十年備受艱辛，獲得古碑拓片等一千餘種，並且鍛煉成了一位拓碑和臨摹圖文的專家。山東兖州人牛運震，字階平，人稱空山先生，乾隆早年進入仕途，致仕後曾在太原、蒲州講學，博學廣識，於金石考據造詣尤深。經褚、牛二人合作，先將石鼓文至漢碑拓數十種，摹刻縮製成拓片，後又增入魏晋至唐的碑拓，逐一加以文字解説，這就是金石學史上第一部有圖有文的著作。今傳世本，經光緒年間學者劉世珩做了補訂。

褚、牛《金石圖説》前半部分，收録漢之前金石四十四種；後半部分，收録南北朝到唐代的碑碣六十種。作者對於古跡一一瞭然於心，所撰釋文都很精到。如《泰山石刻》，摹刻了殘餘的二十九字，解説道：

右泰山石刻，高三尺五寸，圍四尺二寸，字徑一寸七分。在泰山頂上碧霞元君宫之東廡。

按：秦刻並李斯作。斯爲八分之祖，手撰泰山、琅琊、會稽碣石。諸石刻，其文或傳或不傳，而字畫則並湮然沉滅，與咸陽劫灰俱盡。獨有泰山碑，又殘不全，僅僅存此二十九字，惜哉，惜哉！金石舊古文之傳於後，岌乎其艱難。已志古者，好言周秦，然多翻摹轉效之爲，近傅會《岣嶁碑》《銅盤銘》皆是。精鑒之士所不敢道，孰與是刻以真？秦古文處太乙神明之巔，歷千百年疾雷、烈風、怪雨而不摧滅，爲可寶也。後之人欲規模秦漢者，捨是曷以哉？予登泰山，肅然有感於先秦之刻，故圖而表之，以繼周人石鼓鼎銘之文，以爲漢金石刻前步焉。

又如《焦山瘞鶴銘》，圖說臨刻了其中『唯髣髴』『此胎』等字，又摹畫了五塊殘石的形狀，殘石上分別有如下文字説明：『右五字，摘瘞鶴銘真跡。在此段中，六行，共二十九字』『此段三行十二字』『此段三行十七字』『此段二字』『此段三行二十字，在丹徒縣焦山亭中兩壁夾縫南向』。

摹刻的圖文或是做了縮小處理，或是摘取局部，説明文字詳略得體，清晰而精練。上述《泰山石刻》的解説中，道出了作者的感想，不啻使人如見古石原貌。當年尚未發明照相和影印技術，傳拓這樣的圖文作品並非易事，贏得學界鍾愛是可以想見的。

順便説一點，我所收《金石圖説》四册，各鈐有『泰穀孔氏祥熙藏書』印鑒。原來山西的太谷縣（今太谷區）本爲泰穀縣，『泰穀』二字竟然與世久違了。該縣歷史上曾有『繁穰』之稱，即五穀豐盛之意，可知取地名之本意確應是『泰穀』。

《金石屑》也是一部有圖有文的著作，刻印於清光緒二年（一八七六年）。著者鮑昌熙，字少筠，浙江嘉興人，以擅長篆刻聞世，其實他是一位金石專家。篆刻與金石誠屬同一種學問，没有金石學基礎便成不了篆刻家。

『屑』的意思，在這裏是指本書的金石内容是瑣碎的，細枝末節之類。這並非作者謙虚，書中所輯確實不是什麼著名的周鼎漢碑，而是民間搜羅來的種種殘銅片石，從秦詔版殘字、漢石經殘字，到宋代硯銘、金代從人牌，以及宫燈、銅鏡、鐵琴、玉印等。如果没有這種拾遺補闕的東西，金石學的研究就是不完整的，血肉不豐滿的，因而這個『屑』的意義不可漠視。

此書第一、二册中，全部爲秦漢古件。第三册載有魏晋南北朝和隋唐的碑石、造像。第四册内容是宋、元、明的一些零星書法文物，其中元文宗『永懷』二字，是指元朝的文宗皇帝圖帖睦爾，於至順二年（一三三一年）臨摹了唐太宗《晋祠銘》中的二字。此二字拓片後，附有元書法家康里巎巎及明代董其昌的跋。

上臨唐太宗《晋祠銘》，因書『永懷』二字，親刻之石，乃手印四紙，以賜奎章閣大學士臣阿榮，御史中丞臣趙世安，宣政使臣哈剌八都兒，及臣巎巎。臣伏睹　宸翰，遒麗雄强，神采輝映，龍跳虎卧不足喻也。賜予之際，聖恩低回，復謂之曰：『唯賜卿四人。其石，朕已劖去矣。』

臣等無任感激，悚懼之至。至順二年正月三日，通議大夫、禮部尚書監、群玉內司事巙巙，拜手稽首謹記。

唐文皇《晉祠銘》筆法疏宕，褚遂良所謂『出逸少之奇縱』者也。元文宗臨『永懷』二字，宣付玉局康里子山跋，酷類虞永興《廟堂碑》，皆可傳也。董其昌題。

這是一則書林逸事。在蒙古人建立的元朝的帝王中，元文宗是一位難得的通曉漢文化的皇帝。他建立奎章閣，聚集儒學人才，使中國傳統文化得到闡揚。康里巙巙字子山，不僅擅長書法，而且博覽群書，是元代大臣中一位精通中國文化的傑出人士。元文宗臨書唐太宗二字，並拓印賜予臣下，又經康里子山題跋而傳世，這是元朝統治者崇重漢文化的一個例證。可惜此事在今天已經湮沒無聞。如果把元文宗的字和康里子山、董其昌的跋，一併刻碑立於太原晉祠的唐太宗碑亭，讓大家知道這樣一宗文化歷史上的佳話，應該也是別有深意的事情。

我在閱讀《金石屑》時，注意到書中多處述及金石家宋葆淳，如：

右秦詔版殘字，山西宋芝山學博葆淳購於揚州，以贈吾鄉張叔未先生廷濟，爲清儀館中吉金之一。近歸吴興吴平齋年丈，已摹入《兩罍軒彝器圖釋》。

右漢鐎斗，宋芝山學博得自揚州，以贈陳仲魚孝廉者。按顔師古《急就篇》注：『鐎斗，温器也。』

宜錢。漢農器宜，宜禾也。清儀閣藏。嘉慶癸酉四月，安邑宋葆淳記。

嘉慶壬戌人日，余在京師，過宋芝山葆淳寓，以大錢千，買得是物。趙謙士光禄秉沖定爲斗檢封。阮儀徵師編入《積古齋鐘鼎彝器款識》第十卷，説因之然。未究用法若何，則名亦未敢遽斷。道光丁亥十一月十七日，叔未張廷濟。

乾隆壬寅春三月三日，以宋芝山所藏『魚符拓文』裝册，並題記其後。覃溪翁方綱。

以上幾條跋文，略可窺見當年的金石收藏家們交流鑒識情況之一斑。

宋葆淳，山西安邑人，字帥初，號芝山。其祖父、父親都是進士出身，學問大家。葆淳於乾隆五十年（一七八五年）前後中舉，授隰州學正。不久告病辭官，遊歷京師與江南各地。天性傲岸，祇與文人墨客過從，所到之處以詩與書畫揚名。作山水畫，取宋人法，時人評論他的畫『蒼秀嫣潤』『機趣橫溢』。自作題畫詩說：『畫雖一藝事，要須造其極。』『神妙絶畦町，意象超筆墨。』可見他的藝術旨趣是很高的。他還自我品評說：『畫爲上，詩次之，文次之，字又次之。』其實他的隸、行、楷書都可入能品，於篆刻亦擅長。宋葆淳在詩書畫之外，金石學的修養尤有名望，善考據，能鑒别，生平過手文物甚多。他的事跡在《墨林今話》《廣印人傳》《清朝書畫家筆録》等多種歷史資料中都有記述。

明清兩朝的文化名人多出江南，山西的學者和文藝家容易被湮没。宋葆淳這樣一位博學多才的人物，即使在山西本省亦已不爲人知。近些年來在挖煤戰略的喧囂聲中，山右文化愈益貧乏，表裏山河的氣勢日趨頽唐。『江山代有才人出』，我們回瞻和景仰前賢，無非是希冀於有朝一日，文化才人能重新勃興起來。

褚千峯牛空山金石圖說

楊峴題

《金石圖說》扉頁

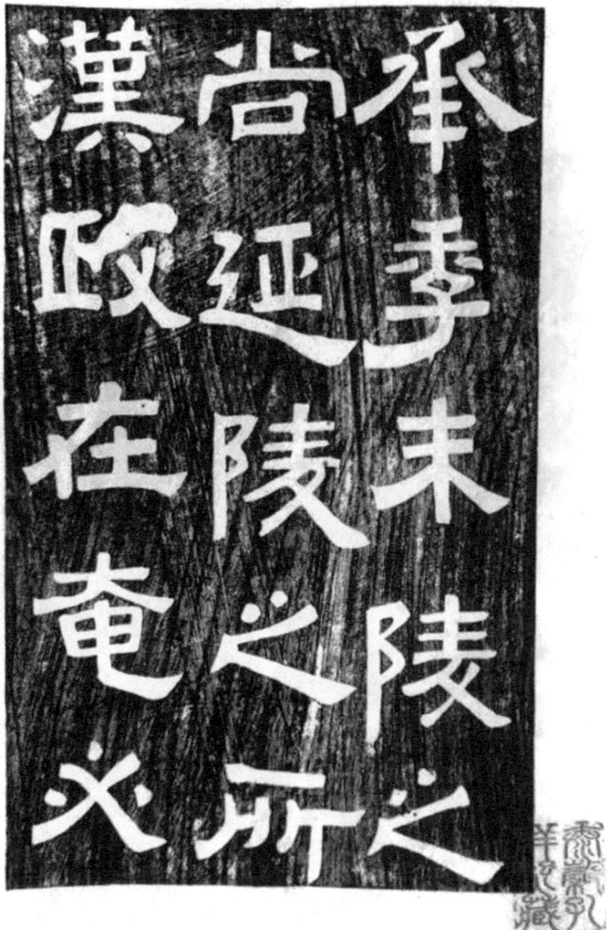

《金石圖説》上尊號碑　鈐印：泰穀孔氏祥熙藏書

《金石圖說》中《焦山瘞鶴銘》

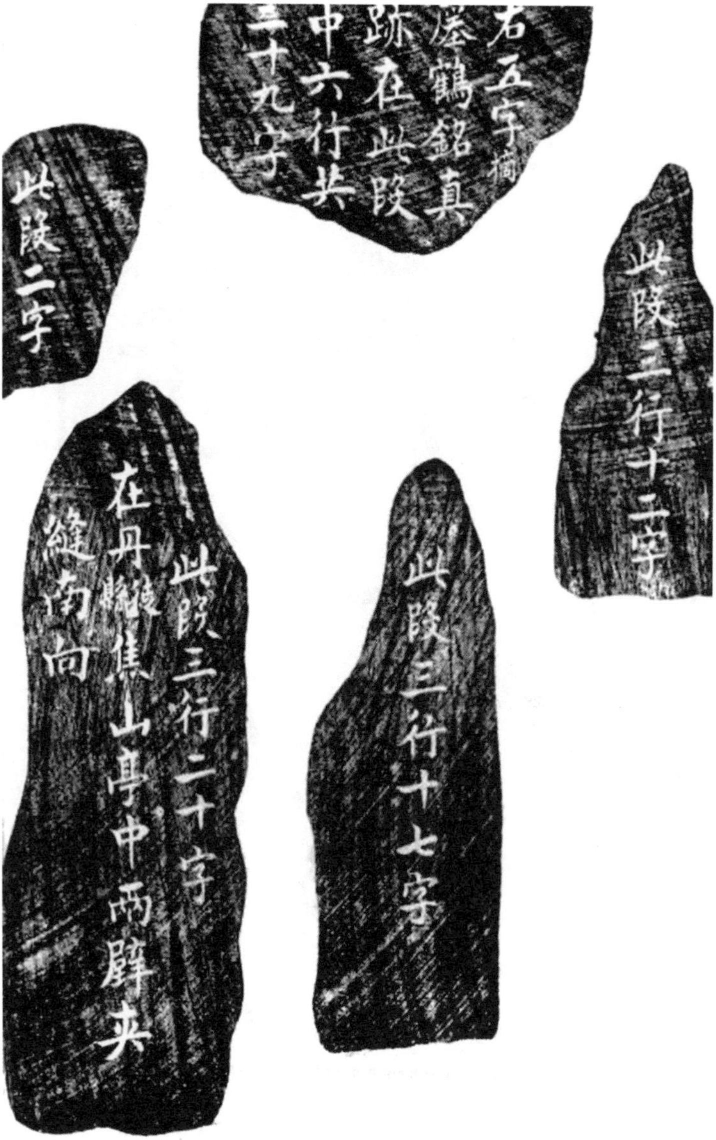
右五字摘
瘞鶴銘真
跡在此段
中六行共
三十九字
此段二字
此段三行十三字
此段三行十七字
此段三行二十字
在丹徒焦山亭中兩壁夾
縫南向

金石屑
弟一冊

光緒二年十月下瀚
師山高行篤署

《金石屑》第一冊扉頁

《金石屑》秦詔版殘字

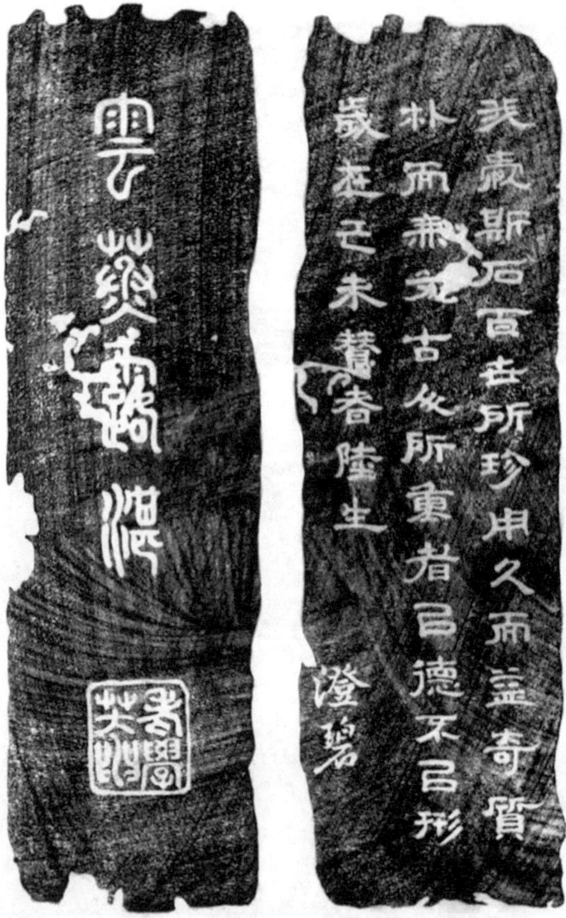

《金石屑》宋陸游硯銘

《金石屑》元文宗『永懷』二字

《金石屑》金代從人牌